Thomas Bauer

Vientiane – Singapur

W0245458

Originalausgabe – Erstdruck

Thomas Bauer

Vientiane – Singapur

Per Rikscha durch Südostasien

Schardt Verlag Oldenburg

Bibliographische Information der Deutschen Bibliothek:

Die Deutsche Bibliothek verzeichnet diese Publikation in *Der Deutschen Nationalbibliografie*; detaillierte bibliographische Daten sind im Internet über *http://dnb.d-nb.de* abrufbar.

Aus literarischen Gründen wurden manche
in diesem Buch erwähnten Gegebenheiten abgeändert.

Titelbild: Thomas Bauer

Kartografie: Mapas NaTurismo, 63500 Seligenstadt

1. Auflage 2010

Copyright © by
Schardt Verlag
Uhlhornsweg 99 A
26129 Oldenburg
Tel.: 0441-21 77 92 87
Fax: 0441-21 77 92 86
E-Mail: kontakt@schardtverlag.de
www.schardtverlag.de
Herstellung: Fuldaer Verlagsanstalt

ISBN 978-3-89841-513-2

INHALT

Für Dagmar,
ohne die alles nichts wäre

Von Vientiane nach Phnom Penh

Das erste Kapitel, das von meiner Bekehrung zum Rikschisten erzählt, von verspeisten Hunden und Jackie-Chan-Filmen und davon, was eine Blinddarmoperation mit der großen weiten Welt zu tun hat

Wo ist denn der Motor?

Ein gewaltiges Scheppern kündigte den Lastwagen hinter mir an, der sich die schlaglochübersäte Straße von Vientiane nach Savannakhet entlangquälte. Als das Ungetüm direkt neben mir war, drehte mir sein Fahrer das Gesicht zu und drückte mit beiden Händen auf die Hupe. Es hätte ja sein können, dass ich den Sechzehntonner nicht bemerkt hatte.

Von nun an würde ich jedes Mal zusammenzucken, wenn eine solche Hupe keine zwei Meter von mir entfernt ertönte. Ein Pfeifen würde in meine Ohren fahren, während mein Magen heftig um die eigene Achse rotierte.

Im Straßenverkehr, das wurde mir bereits am ersten Tag meiner Rikschatour klar, hört die asiatische Höflichkeit auf. Jede Straße kam einer Rennstrecke gleich. Schlaglöcher, durch Staub und Dreck begrenzte Sicht und querende Wasserbüffel erhöhten den Reiz, die Belastungsfähigkeit seines Gefährts auf die Probe zu stellen. Am schnellsten kam voran, wer die lauteste Hupe einsetzte und die kleinen Lücken im Verkehrsgewusel ausnutzte. Ein Radfahrer, vor allem wenn er aus dem Ausland kam, bot grundsätzlich die Möglichkeit einer derartigen Lücke, weil er immer noch ein paar Zentimeter nach rechts ausweichen konnte. Selbst wenn dort bereits der Straßengraben begann.

Niemals zuvor war ich bislang in Asien gewesen. Vor dem Aufbruch war meine Vorstellung dieses Kontinents eine Collage aus Ahnungen und Widersprüchen. Die zwischen Kunst und Kitsch jonglierende Holzdrachen-und-Aquarium-Dekoration diverser Chinarestaurants hatte mein Asienbild geformt; ebenso der Thaistand auf dem Münchner Viktualienmarkt, der Mangos und Litschis zu Preisen anbot, die man im Vorbeischlendern für ein Versehen hielt. Jackie Chans Handkantenschläge gingen einher mit den demutsvollen Verbeugungen des orangefarben gekleideten Dalai Lama. Abgerundet wurde das Potpourri meiner Vorabeindrücke durch Filmszenen aus dem Vietnamkrieg, in denen sich kleingewachsene, agile Vietcongsoldaten in einer

Sprache unterhielten, die entfernt an Vogelgezwitscher erinnert. Wie bei keiner Reise zuvor wollte ich herausfinden, welche dieser Eindrücke sich unterwegs bestätigen und welche durch das, was ich vor Ort vorfand, relativiert, ergänzt oder zunichte gemacht würden.

Ein halbes Jahr hatte ich mich auf den heutigen Tag vorbereitet. Ich hatte Kartenmaterial ausgewertet, Ausrüstung zusammengeschnorrt, in antiquarischen Asienbüchern geschmökert und Impfungen über mich ergehen lassen. Dabei hatte noch wenige Tage vor meinem Abflug am zweiten Weihnachtsfeiertag des Jahres 2007 alles darauf hingedeutet, dass ich niemals in den süßsauren Apfel beißen würde, als der sich meine Reise bald entpuppen würde. Stattdessen hatte sich meine Welt auf ein vier mal sieben Meter großes Krankenhauszimmer reduziert.

»Den werden Sie heute noch los«, hatte mir ein Spezialist für Inneres versichert und auf meinen Blinddarm gezeigt, nachdem ich mich nach hartnäckigen Bauchschmerzen zwei Wochen vor dem geplanten Abflug ins Krankenhaus hatte fahren lassen. Am folgenden Tag konnte ich meine Umgebung lediglich aus der Rückenlage erforschen. Während in mir zusammenwuchs, was zusammengehörte, überlegte ich mir stundenlang, ob auf der lang gezogenen Glühbirne über meinem Bett vierzig Watt oder sechzig Watt stand. Als ich die Schwester an jenem ersten Abend nach der Operation um die Lösung des Rätsels bat, lächelte sie verblüfft und fragte, ob sie die Medikamentendosis senken solle. Doch bereits am darauffolgenden Morgen öffnete ich die Tür meines Zimmers und erkundete die Krankenstation. Und am dritten Tag fand ich mich im gesamten Gebäude zurecht.

Hatte es sich bei meinen bisherigen Reisen nicht ebenso verhalten? Waren sie nicht dazu da gewesen, den engen Rahmen aus Gewohnheiten, Übereinkünften und Überzeugungen weiterzufassen? Und würde ich in Asien nicht die bislang größte Tür dieser Art aufstoßen? Durch das, was ich dahinter vorfinden sollte, würde sich manche Gewissheit als bloße Gewohnheit herausstellen, und manch einstudierte Handlungsweise würde unerwartete Konsequenzen nach sich ziehen. Fünfzig Tage würde ich eine Region erkunden, die mich mehrmals vor den Kopf stoßen sollte. Niemals würde dabei das Pendel stillstehen, das zwischen Anziehung und Abstoßung schwang.

Vientiane – Singapur, das bedeutete eine Reise von einer Welt in eine andere. Hier die angenehm bescheidene laotische Hauptstadt, deren Entwicklung ähnlich langsam verläuft wie die schwache Strömung des Mekong, die den Fluss an dieser Stelle träge erscheinen lässt. Dort hingegen das in die Höhe strebende Singapur, protzig, von klimatisierten Einkaufszentren durchzogen. Meine Fahrt konnte als Sinnbild einer Bewegung aufgefasst werden, die ganz Asien mit unfassbarer Wucht erfasst hat. Von uralten Traditionen bis zu ausuferndem Kapitalismus, von buddhistischer Gelassenheit bis zu glitzerndem Größenwahn reicht der Spannungsbogen, der dieser Region ihren besonderen Reiz verleiht.

Vientiane – Singapur, das war das verrückteste Vorhaben, das ich jemals in die Tat umgesetzt habe. Verrückt vor allem deshalb, weil ich mir für die Reise ein ganz besonderes Fahrzeug ausgesucht hatte. Die Firma SMIKE aus Luzern war so freundlich gewesen, mir eine ihrer Fahrradrikschas zu überlassen. Vollbepackt wog sie sechzig Kilogramm. Einhundert Kilometer wollte ich damit im Durchschnitt pro Tag bewältigen.

Mein SMIKE bestand aus einem Aluminium-Tourenfahrrad, an dem ein knapp zwanzig Kilogramm schwerer Seitenwagen hing. Ausgerüstet war es mit dem Besten, was der Fahrradmarkt hergab: Hydraulische Magura-Bremsen gehörten ebenso zur Ausstattung wie eine Nabenschaltung von Shimano und ein Pacific-Gepäckträger. Gebaut nach dem Vorbild mexikanischer Fahrradrikschas, vorgefertigt in Taiwan, hergestellt nach höchsten Qualitätsstandards in der Schweiz: Dank des SMIKE, das war mir seit der Probefahrt klar gewesen, hatte ich eine echte Chance, die vorgenommene Strecke zu meistern.

Die Narben meiner Blinddarmoperation waren frisch, als ich mich auf den Weg machte. Während der ersten Woche meiner Tour musste ich die Pflaster täglich wechseln. Die Krankheit hatte mich geschwächt. Doch ich wusste, dass der Erfolg meiner Rikschatour nur zu etwa zwanzig Prozent von meiner körperlichen Leistungsfähigkeit abhing. Achtzig Prozent machte mein Wille aus. Und der wurde täglich neu angestachelt durch Hunderte Zurufe, aufmunternde Gesten und kleine Geschenke. Zeitweise fühlte ich mich, als nähme ich an der Tour de France teil. Die Anwesenheit eines weißhäutigen, langnasigen Europäers auf einem dreirädrigen Gefährt war unbestritten die Hauptattraktion des jeweiligen Tages. Kinder rannten zu Dutzenden neben mir her. Frauen winkten mir zu. Männer riefen mir Grüße und Anfeuerungen in einer Sprache hinterher, die sie für Englisch hielten. Wo auch immer ich mich zu einer Pause entschloss, bildete sich augenblicklich eine Menschentraube um mich herum. Kinder erkletterten das SMIKE und zupften ungläubig an den Haaren meiner Unterarme, um zu testen, ob sie echt waren. Frauen spielten mit der umklappbaren Sitzlehne des Beiwagens, boten mir Wasser und Früchte an. Männer testeten den Reifendruck und begutachteten das seltsame Ding, das die gefahrenen Kilometer zählte.

Konnte einer der Anwesenden ein paar Brocken Englisch, tauchte grundsätzlich eine Frage auf:

»Wo ist denn der Motor?«

»Es gibt keinen. Ich will aus eigener Kraft von Vientiane nach Singapur fahren.«

»Komm schon, irgendwo muss doch ein Motor sein!«

Bei diesen Worten drückte mein Gegenüber zumeist hoffnungsfroh auf dem Dynamo herum, bis er sich schließlich kopfschüttelnd abwandte und auf seinem thailändischen oder japanischen Moped davonbrauste.

Die Siedlung unter dem Mond

Am Neujahrsmorgen des Jahres 2008, kurz vor meiner ersten Begegnung mit dem hupenden Sechzehntonner, verließ ich Vientiane Richtung Nordosten. Ein Straßengewirr führte mich zum Nationalheiligtum. Wie keine andere verweist die Anlage Pha That Luang auf die achterbahnartig verlaufende Geschichte des Landes. Von indischen Missionaren aufgebaut, im dreizehnten Jahrhundert durch einen Khmer-Tempel ersetzt, im sechzehnten Jahrhundert nach laotischem Muster neu gebaut, wurde das Bauwerk im Zuge der siamesischen Eroberung im neunzehnten Jahrhundert bis zur Unkenntlichkeit beschädigt. Die französischen Kolonialherren bauten es im Jahr 1900, ausgehend von romantischen Vorstellungen, als eine Art Märchenschloss wieder auf, erkannten fünfunddreißig Jahre später ihren Irrtum, rissen alles ab und errichteten die Anlage nach historischem Muster neu. Nach der Machtergreifung der Kommunisten geriet Pha That Luang in Vergessenheit. Erst 1995, als sie nach der Öffnung des Landes mit vierundzwanzigkarätigem Gold veredelt wurde, erhielt die Anlage ihr heutiges Erscheinungsbild.

Mit kaum nachvollziehbarer Gelassenheit haben die Laoten die Angriffe auf ihr Nationalheiligtum hingenommen. Vielleicht weil sie wussten, dass Pha That Luang auf diese Weise stärker denn je mit dem gesamten Land verbunden sein würde, das wie kein zweites in Asien Spielball chinesischer, burmesischer, siamesischer, vietnamesischer und französischer Interessen war. Vielleicht klang bei aller Gelassenheit gar an, dass das gesamte Land die Entwicklung des Heiligtums nachvollzieht, das nach Jahrhunderte überdauernden Irrungen und Wirrungen den Platz gefunden hat, der ihm gebührt. Im Zuge der wirtschaftlichen Dynamik, die derzeit einen Großteil Asiens erfasst, hoffen nicht wenige, dass nun auch Laos ein Stück vom größer werdenden Kuchen abbekommen wird.

Beeindruckend kam mir die fünfundvierzig Meter hohe, vergoldete Stupa vor, die massig wirkt, als sei sie fest im Boden verankert, und die, da sie nach oben hin spitz zuläuft, dennoch eine ungewohnte Leichtigkeit ausstrahlt. Fast wirkt es, als zeige das Gebäude zum Himmel. Der Legende zufolge befindet sich in seiner Spitze ein Knochensplitter des Buddha. Historisch ist allerdings nicht nachgewiesen, dass Siddharta Gautama auf seinen Wanderungen jemals das heutige Laos erreicht hat.

Im Nebeldunst lag die laotische Hauptstadt hinter mir, als ich von mehreren Seitenarmen der Straße aufs Geratewohl den mittleren wählte. Eine Stunde später erreichte ich die Nationalstraße 13 South. Von hier bis zur knapp eineinhalbtausend Kilometer entfernten kambodschanischen Grenze würde sie mein Wegweiser sein. Immer wieder würde ich zu ihr zurückfinden. Zuweilen würde sie mich tagelang durch Laos führen.

In den vergangenen vier Tagen war mir Vientiane immer mehr wie eine Art Freilichtmuseum vorgekommen, in dem eine Viertelmillion Bewohner staunenden Gästen archaisch anmutende Formen des Volksbuddhismus vorführt. Von der hektischen Betriebsamkeit asiatischer Großstädte, von Hochhäusern, Neonreklamen und Abgaswolken fehlt jede Spur. Stattdessen reihen sich Pagoden und Tempel aneinander, in denen lächelnde Mönche ihrer täglichen Arbeit nachgehen. Mit jedem Tag, den man in der laotischen Hauptstadt bleibt, verdichtet sich der Eindruck, dass das ursprüngliche, authentische Asien – vielleicht auch nur das Bild, das wir uns vom ursprünglichen und authentischen Asien machen – nirgendwo stärker zum Ausdruck kommt als hier.

Vieng bedeutet auf Laotisch »Siedlung«, und *Chan* ist die Bezeichnung für den Mond. Die Siedlung unter dem Mond: Kein Name könnte treffender sein für diese stille, in sich versunkene Stadt, die ihre Bezirke noch immer *bans* nennt, »Dörfer« also, und die zwischen den fruchtbaren Ebenen im Osten und dem mächtigen Mekong im Westen beinahe Gefahr läuft, übersehen zu werden.

In dieser Stadt musste meine Rikschatour beginnen. Auf diese Weise würde ich die Entwicklung Asiens erfahren: vom gemächlichen Dahinfließen des Mekong und der Mischung aus überliefertem Aberglauben und buddhistischen Praktiken in Vientiane bis zur Brandung des südchinesischen Ozeans, dem der Größenwahn Singapurs permanent Boden entzieht, weil die aus allen Nähten platzende Metropole neue Viertel auf künstlichen Sandinseln ins Meer hinein baut.

Ein außergewöhnlicher Restaurantbesitzer

Kurz nach meiner Abfahrt war ich Millionär geworden. Ich hatte anderthalb Millionen von der Bank abgeholt. Leider handelte es sich nur um laotische Kip, die einem Gegenwert von etwas mehr als einhundert Euro entsprachen. Ein Bündel verwaschener Geldscheine hatte der Bankautomat in Vientiane ausgespuckt. Sie sahen aus wie Monopolyscheine, fühlten sich so an und waren kaum mehr wert als diese.

Buddhistische Friedhöfe und kunterbunte Tempel flankierten den Weg, der mich heute siebzig Kilometer weit voranbrachte – bis ein verschmutztes Straßenschild mit der Aufschrift »Guesthouse« meinen Willen einfing und mich schnurstracks zu einem Anwesen lenkte, das sich unweit der 13 South befand. So beschloss ich an meinem ersten Reisetag, trotz seines wenig vertrauenerweckenden Namens Station in dem Dörfchen »Hai« zu machen.

Vor dreieinhalb Monaten war mal ein Tourist hier gewesen, ein Amerikaner namens John. Das entnahm ich dem Gästebuch der einzigen Übernachtungsmöglichkeit von Hai. Vielleicht hatte John ganz in der Nähe eine Autopanne gehabt, oder er war vor seiner eifersüchtigen Frau in die Einöde geflohen. Der Hotelangestellte konnte mir diesbezüglich keine Auskunft geben, weil er sich nicht mehr an John erinnerte. Der Jahresumsatz des Gästehauses würde vermutlich jeden Investor vor Schreck erstarren lassen. Ich zückte meine Monopolyscheine, bezahlte Nicht-der-Rede-wert und erhielt So-gut-wie-nichts zurück.

Nachdem ich meine Schuhe ausgezogen hatte, führte mich der Angestellte in ein Doppelzimmer, dessen beste Zeit ich in den sechziger Jahren des vorigen Jahrhunderts vermutete, und verschaffte mir auf diese Weise Gelegenheit, mich mit den hiesigen Reinigungsritualen vertraut zu machen.

Ein Eimer Wasser, auf dessen Oberfläche eine Schöpfkelle aus Holz schwamm, stand in einem ansonsten leeren Nebenraum. Das war die Hoteldusche. Ohne mich mit den Händen auf dem glitschigen Boden abzustützen, ging ich neben dem Eimer in die Hocke und steckte probeweise den rechten Zeigefinger ins Nass. Wie erwartet war es eiskalt. Ich holte tief Luft, packte die Schöpfkelle und spritze mir den Staub der Straße vom Körper. Zu jenem Zeitpunkt wusste ich bereits, dass dieselbe Schöpfkelle auch nach dem Toilettengang verwendet wird. Hilfsweise wird zudem die linke Hand eingesetzt. Darum gilt es in ganz Südostasien als unschicklich, ein Geschenk oder gar einen Essensteller mit der Linken weiterzureichen.

Abgekühlt und neu eingekleidet schlenderte ich nach erfolgtem Waschvorgang zurück zur 13 South, um etwas Essbares aufzutreiben. Noch bevor ich an der Nationalstraße ankam, war es plötzlich da: Wie so oft überkam mich das Reisefieber, als ich am wenigsten damit gerechnet hatte. Nicht etwa im zurechtgemachten Zimmer eines Fünf-Sterne-Hotels oder am Strand vor einer Kitschpostkartenkulisse, sondern in einem Dorf, das auf keiner Landkarte verzeichnet ist, im Staub und Dreck einer Nationalstraße, die sich, dem Mekong folgend, von Nord nach Süd durch Laos zieht. An einem Ort also, der vorbeidonnernden Lastwagen gehört, streunenden Hunden und launischen Winden, die eben jetzt, am aufziehenden Abend, lustvoll in den Straßenstaub griffen und Fang-mich-doch mit den Plastiktüten am Straßenrand spielten. Ich war in ein Dorf geraten, das nur zusammen mit der Straße denkbar ist, das ohne die Straße nicht existieren würde, das von und mit dieser Straße lebt. Und das eben aufgrund dieser Abhängigkeit nicht nur zu einem temporären Auffangbecken für ruhelose Seelen wie John und mich geworden war, sondern in Wahrheit einem modernen Tempel gleichkam, in dem einzig und allein dem Vorwärtskommen gehuldigt wird, der ewigen Bewegung, die unser Leben ausmacht. Wer in Hai Station macht, der ist eigentlich auf dem Weg. Der will woandershin. Nur nicht Haftenbleiben an diesem Ort, an dem alle paar Stunden ein selbstgebautes traktorähnliches Vehikel schwarze Rußwolken hinter sich herzieht, auf dem Weg hinaus auf die Felder, und an dem das schmutzige Gästehaus-Hinweisschild umsonst um die Aufmerksamkeit von Reisenden buhlt, die hinter den verglasten Trennwänden klimatisierter Busse zweimal am Tag hier durchfahren – einmal auf dem Weg nach Vientiane, einmal unterwegs Richtung Süden.

Die banale Ereignislosigkeit von Hai treibt seine Besucher in aller Regel weiter. Wer aber hängen blieb – ob reich oder arm, Deutscher oder Laote, Traktor- oder Rikschafahrer – bei dem drängten sich bald drei elementare Fragen in den Vordergrund: Wo finde ich einen Platz zum Schlafen? Woher nehme ich Wasser? Wo treibe ich etwas zu Essen auf?

Um eine befriedigende Antwort auf die beiden zuletzt genannten Fragen zu erhalten, suchte ich das beste Restaurant von Hai auf. Dieses Prädikat verlieh ich ihm ohne Umschweife, da es zugleich das einzige Restaurant des Ortes war. Es bestand aus einem Holzpflock, zwei rosafarbenen Plastikstühlen, einer Kochplatte, unbeschreiblichen Fleisch-Gemüse-Gemischen, höllisch scharfer Chilisoße – und aus Kong. Zumindest hatte ich seinen Namen so verstanden. Kong wie das Anhängsel von King. In Wahrheit könnte er auch Khoum oder Kum oder völlig anders heißen. Bei meinen asiatischen Gegenübern war ich mir in diesem Punkt niemals sicher.

Kong oder ähnlich wirkte schmächtig, wie beinahe alle asiatischen Männer, doch er bewegte sich mit katzenhafter Leichtigkeit, und seine Blicke verrieten die Schnelligkeit seiner Gedanken, die nicht zu den Altersflecken auf seinen Händen passen wollte. Er sprach passabel Englisch – was, wie ich bald merken sollte, von Laos über Kambodscha bis Thailand eine

Rarität war. Nachdem er sich köstlich darüber amüsiert hatte, wie ich mich an meine Essstäbchen klammerte, und mir in nur zwanzig Minuten die korrekte Aussprache der laotischen Dankesformel »kok taii laii laii« beigebracht hatte, deutete er, leicht theatralisch, auf die Straße.

»Einen Gast aus Europa bringt die 13 South selten hierher. Die meisten Touristen machen einen Bogen um Laos. Wenn sich doch jemand hierher verirrt, bleibt er meistens in den Städten Luang Prabang oder Vientiane kleben.«

Seine Stimme klang hell, beinahe wie die eines Kindes. Sie tendierte zu einem metallischen Kratzen, das wie bei einer Langspielplatte als Hintergrundgeräusch mitgeliefert wurde. Zudem sprach Kong oder ähnlich jedes seiner Worte mit einer kleinen Verzögerung aus, als hätte jedes von ihnen einen natürlichen Widerwillen, den Schoß der Gedanken zu verlassen und, einmal ausgesprochen, unwiderruflich in der Welt zu sein. Vermutlich rührte die Verzögerung daher, dass Kong oder ähnlich im Englischen nicht ganz sattelfest war. Nachdem ich ihm jedoch von meinem Vorhaben erzählt hatte, sprang er auf, klatschte in die Hände und begann, einen Schwall Worte auf mich regnen zu lassen, den er großzügig mit französischen und laotischen Einsprengseln anreicherte.

»Du wirst überall in unserem Land auf Begeisterung und Gastfreundschaft stoßen«, versprach er mir schließlich, was sich in den folgenden Wochen uneingeschränkt bewahrheiten sollte.

»Und das, obwohl Laos so intensiv unter anderen Staaten gelitten hat?« warf ich fragend ein.

»Auf unser Land sind mehr Bomben gefallen als auf jedes andere dieser Welt«, stimmte er, ernst geworden, zu. »Allein im Vietnamkrieg warfen die Amerikaner zweieinhalb Millionen Tonnen über Laos ab. Das sind mehr als im gesamten zweiten Weltkrieg auf Deutschland und alle von Deutschland besetzten Gebiete gefallen sind. Im Durchschnitt kam auf jeden Laoten eine Tonne Bomben. Reisfelder sind zu Kraterlandschaften geworden. Wir haben in Höhlen und unterirdischen Gängen gelebt.«

Ich wunderte mich, woher ein Restaurantbesitzer in einem Zwanzigseelennest wie Hai derartige Geschichtskenntnisse bezog, kam jedoch nicht dazu, mein Gegenüber zu fragen, weil Kong bereits weitererzählte. Er hatte selten Gelegenheit, sich mit einem Gast aus Europa zu unterhalten.

»Dabei hatte alles so gut angefangen. Der laotischen Legende nach herrschte ursprünglich der allmächtige Phya Thaeng im Himmel. Erzürnt über das Verhalten der Menschen überschwemmte er die Erde mit einer gigantischen Flutwelle.«

»Und das soll ein guter Anfang gewesen sein?« konnte ich mich nicht zurückhalten. »Sintflutberichte kennen wir in Europa auch. Bereits die Sumerer und anschließend die Griechen haben auf ein ähnliches Ereignis verwiesen.«

Kong streckte beide Daumen nach oben, was wohl einem Lob gleichkam. Sein Lächeln wurde breiter. Mein Einwurf schien ihn nicht aus der Bahn gebracht zu haben.

»Richtig, junger Mann! In chinesischen Sagen türmen sich die Fluten bis zum Himmel. In Indien forderte der Legende zufolge ein Fisch mit Namen Matsya den damaligen König zum Bau eines Bootes auf. Mehrere indianische Märchen beschreiben, wie eine Flut die Ebenen füllte. Weltweit gibt es mehr als zweihundert Sintflutberichte – was eigentlich nur eine Schlussfolgerung nahelegt.«

Mein Gesprächspartner schob die Augenbrauen ein Stockwerk höher und warf zugleich seine Stirn in Falten. Unvermittelt erschien er mir trotz seiner jugendlich anmutenden Begeisterungsfähigkeit gar nicht mehr wie ein bloßer Restaurantbesitzer. Etwas Rätselhaftes breitete sich in ihm aus. Woher hatte ein Laote, dessen Haupteinnahmen darin bestanden, Bauern auf der Durchreise ein kühles Bier auf den Tisch zu stellen, Detailkenntnisse über verschiedene Sintflutberichte? Als er mir mit spielerischer Leichtigkeit durch seine Kunstpause deutlich machte, dass damit eine Art Test seines europäischen Gastes eingeläutet worden war, wurde mir bewusst, dass ich mein Gegenüber bislang gründlich unterschätzt hatte. Ich beschloss, Kong nicht zu enttäuschen.

»Nun, es erscheint beinahe zwingend, dass es eine Art Sintflut tatsächlich gegeben hat. Folglich wäre diese keine bloße Legende, sondern basierte auf einem wahren Ereignis. Das kann beispielsweise der Einschlag eines Meteoriten gewesen sein«, versuchte ich mein Glück.

Kong klatschte in die Hände und wurde augenblicklich wieder zum seltsam alterslosen Restaurantbesitzer.

»Eine schöne Schlussfolgerung. Logisch hergeleitet. Meine Studenten in Bangkok hatten länger gebraucht, um auf dieses Ergebnis zu kommen. Vielleicht liegt das an der Aufklärung, die ihr in Europa eine Epoche lang durchlaufen habt.«

Seine Studenten in Bangkok! Wie sich herausstellte, war ich am ersten Abend meiner Reise, in einer Ansammlung von Dreck, Straßenstaub, herrenlosen Hühnern und fünf Baracken auf einen laotisch-thailändischen Religionsprofessor im Ruhestand gestoßen! Meine Reise durch Südostasien begann vielversprechend.

»Drei Fürsten haben das Unheil kommen sehen«, kehrte Kong zum Ausgangspunkt seiner Geschichte zurück. »Sie bauten ein Floß und baten den Allmächtigen um Verzeihung. Dieser überließ ihnen dafür einen Wasserbüffel, mit dessen Hilfe sie Reis kultivierten, als die Flut zurückgegangen war. Als der Büffel starb, wuchs aus seinen Nüstern eine Ranke mit gigantischen Kürbissen, aus deren Innerem Geräusche drangen. Mit Lanzen bohrten die Fürsten kleine Löcher in die Früchte. Heraus kamen die kleingewachsenen Lao Theung, die heutigen Berglandlaoten. Wenig später schlugen die Fürsten mit einem Meißel größere Öffnungen in die Früchte. Heraus kamen die Lao Loum, die heute die fruchtbaren Ebenen bevölkern. Als der Allmächtige sah, dass die Fürsten das Geheimnis des Wasserbüffels erkannt hatten, schickte er seinen Sohn Khun Borom zur Erde. Er kam auf einem Elefanten mit gekreuzten Stoßzähnen, begleitet von Gelehrten und Handwerkern. Gemeinsam lehrten die Gottgleichen die Menschen den Umgang mit Feuer sowie die Literatur, die Malerei und den Tanz. Nach fünfundzwanzig Jahren ließ Khun Borom seine sieben Söhne zurück und fuhr hinauf zum Himmel. Darum behauptete ich vorhin, dass unsere Geschichte gar nicht so schlecht begonnen hatte.«

»Und die sieben Söhne blieben als Lehrmeister auf der Erde«, brummelte ich vor mich hin. Kong hatte meine Reaktion vorhergesehen.

»Ich weiß, was du sagen möchtest«, behauptete er. »Das Ganze erscheint dir recht hierarchisch. Es behagt dir nicht, wenn jemand Macht qua Erbfolge erhält und die Menschen an sich reichlich unselbständig sind. Die Aufklärung, ich hab's ja gesagt! Doch asiatische Denkweisen funktionieren anders als europäische. Wie du vielleicht weißt, ist ganz Asien stark von Indien beeinflusst. Jahrhundertelang war das hinduistische Kastenwesen die herrschende Gesellschaftsform. Sie kam unseren Fürsten zupass, weil es ihre Macht zementierte. Wenn man die Symbole jedoch richtig deutet, erkennt man, dass vor diesem Hintergrund in jener laotischen Schöpfungsgeschichte eine unerhörte Sprengkraft steckt. Ihr zufolge kriechen alle Menschen aus derselben Frucht. Da sind sämtliche Schranken aufgehoben! Es gibt weder arm noch reich, weder gut noch böse. Das geht weiter als manche kommunistische Utopie. Die Urfrucht als Kommune, so kann man das durchaus interpretieren. Auch in der darauffolgenden Zeit schlug Laos eigene Wege ein, woran der bekannteste Laote entscheidenden Einfluss hatte. Vielleicht versöhnt dich das wieder mit der laotischen Geschichtsschreibung.«

Kong blinzelte mir zu, bevor er mit seiner leicht metallischen Stimme weitererzählte. Er war jemand, der begriffen hatte, dass Pausen zum Erzählen gehören. In Gedanken sah ich ihn in einer Aula stehen und aus Höflichkeit halbinteressierte Zuhörer nach und nach von der Bedeutung der laotischen Geschichte überzeugen.

»Der bekannteste Laote heißt Fa Ngum. Er kam 1316 mit dreiunddreißig Zähnen auf die Welt, was man als böses Omen wertete. Das Glück wird als Zwilling geboren, lautet ein chinesisches Sprichwort, und auch bei uns gelten gerade Zahlen als glückverheißend. Obwohl er der Sohn eines Fürsten war, wurde Fa Ngum verbannt. Die Khmer nahmen ihn auf, lehrten ihn den Theravada-Buddhismus und stellten zehntausend Mann unter sein Kommando. 1353 eroberte Fa Ngum das Fürstentum, aus dem er einst verbannt worden war. Statt jedoch im Dienste der Khmer zu bleiben, sagte er sich von den Herrschern in Angkor los und gründete ein unabhängiges Reich. Er nannte es Lan Xang Hom Khao, das Land der Millionen Elefanten. Das war die Geburtsstunde des heutigen Laos. Schon damals standen wir im Einzugsgebiet fremder Interessen. Doch dank der Umsicht Fa Ngums wurde Lan Xang im vierzehnten Jahrhundert zu einem der größten Reiche in Indochina. Fa Ngum erklärte den Theravada-Buddhismus zur Staatsreligion. Wenig später erhielt die Hauptstadt seines Reiches einen neuen Namen: Luang Prabang.«

Wieder warf mein Gastgeber eine seiner gekonnten Kunstpausen ein. Hören die wenigen anwesenden Touristen in Laos den Namen der ehemaligen Hauptstadt, beginnen ihre Augen zu leuchten. Seit Luang Prabang dank Reiseführerbibeln wie dem »Lonely Planet« zur Top-Sehenswürdigkeit avanciert ist, unternehmen die buddhistischen Mönche ihren allmorgendlichen Bittgang im Blitzlichtgewitter der Fotoapparate, und die ersten Rucksacktouristen machen einen Bogen um die Stadt, die mittlerweile mehr Hotels als Klöster aufweist. Als Kong merkte, dass seine Worte den gewünschten Effekt bei mir auslösten, lehnte er sich zufrieden in seinem Plastikstuhl zurück. Die Erwähnung Luang Prabangs gegenüber Touristen löst noch immer ähnlich intensive Reaktionen aus wie die altbekannten Legenden von weißen Elefanten und gekochten Hunden.

»Kurz darauf hattet Ihr ein paar Probleme mit den Siamesen, richtig?« stellte ich mein Halbwissen zur Schau, um das Gespräch nicht abreißen zu lassen. Es tat gut, Kong zuzuhören, während sich der Abend mit Lichtresten und lauen Winden verabschiedete.

»Zunächst mit den Burmesen, die unser Land 1574 eroberten«, präzisierte er. »Die Siamesen okkupierten uns erst ab 1779. Dabei entwendeten sie den smaragdfarbenen Buddha, das bedeutendste buddhistische Heiligtum in Südostasien. Heute steht er im Königspalast von Bangkok. Vielleicht bringt er ja wirklich Glück, wie man es ihm nachsagt, denn Thailand entwickelt sich bis heute rasant, während Laos erst vor wenigen Jahren aus einer Art Dornröschenschlaf erwacht ist. Weder die Burmesen noch die Siamesen oder die Franzosen, die uns im neunzehnten Jahrhundert besetzten, hatten Interesse am Aufbau von Wirtschaftszweigen oder einer funktionierenden Infrastruktur.«

»Dass hier niemand ordentliche Straßen gebaut hat, habe ich bereits zu spüren bekommen«, pflichtete ich ihm bei und griff an mein Schienbein.

»Die blauen Flecke werden auch in den kommenden Tagen nicht weniger werden«, versprach er und ahmte unmissverständlich einen Radfahrer auf einer Ruckelpiste nach. »Nach den Franzosen kamen die Japaner in unser Land. Kaum hatten wir nach dem Zweiten Weltkrieg unsere Souveränität erklärt, überzogen uns die USA, weitgehend unbeachtet von der Weltöffentlichkeit, mit einem Bombenteppich. Im Sinne der von ihnen vertretenen Dominotheorie, derzufolge ein Staat nach dem anderen in Südostasien kommunistisch werden würde, wenn die Kommunisten in nur einem einzigen Land an die Macht gelängen, war ihnen daran gelegen, die Pathet Lao in unserem Land zu zerschlagen. Stattdessen bombten sie, indem sie Bauern um ihre Lebensgrundlage brachten, immer mehr Menschen in die Arme dieser kommunistischen Splittergruppe. Zieht man unsere Geschichte in Betracht, ist man nicht allzu verwundert darüber, wie wir heute dastehen. Wir weisen gerade mal halb so viele Einwohner auf wie Bangkok, bestehen jedoch aus fast siebzig

Minoritäten mit eigener Sprache und Kulturformen. Alle dreißig Jahre verdoppelt sich unsere Anzahl. Fast drei Viertel von uns sind jünger als fünfundzwanzig Jahre. Achtzig Prozent aller Laoten leben auf dem Land; außer Vientiane, Luang Prabang und Pakxé existieren keine größeren Städte. Neben der buddhistischen Heilslehre glauben wir an die Macht von Geistern, *phi* genannt, verehren die mehrköpfige Nagaschlange und beharren auf hinduistischen Praktiken wie beispielsweise die Anbetung des Elefantengottes Ganesha.«

Kong blickte mich an, und allmählich begriff ich, was ihn hierher gebracht hatte. Als ehemaliger Professor hätte er ebenso gut im zwanzigsten Stock eines Hochhauses in Bangkok einziehen können. Er hätte Artikel verfassen und mit Studenten und Wissenschaftlern aus aller Welt parlieren können. Stattdessen saß er mir gegenüber an einem Plastiktisch, vor einer Hütte, der das Wort ärmlich noch zur Ehre gereichen würde, und es genügte ihm, in diesem Zwanzigseelendorf zu sein, sein Bier zu trinken und sich alle paar Monate mit einem ausländischen Touristen zu unterhalten. Die Mischung religiöser Inhalte und abergläubischer Elemente, die Irrationalität und Unbegreifbarkeit des Landes, in dem er sich befand, kurz: all das, was er gleich darauf als rückständig bezeichnete, faszinierte ihn insgeheim. So sehr, dass er, statt im Wettlauf um Aufmerksamkeit und Anerkennung zu verharren, der dem Wissenschaftsbetrieb eigen ist, beschlossen hatte, mit den Phänomenen zu leben, die er beschrieb. Für einen Moment erschien es mir, als habe mir Kong soeben einen ersten Einblick in eine Lebensführung gewährt, die zwischen Esoterik und Westentaschenphilosophie lavierende Bücher mit blumigen Titeln gerne als asiatische Weisheit bezeichnen.

Welch ein Unterschied zu den quirligen Vietnamesen, die ich in Hanoi kennengelernt hatte, von wo aus ich per Zug nach Vientiane gefahren war!

Bislang war das einzige Land, das ich jemals früher als geplant verlassen hatte, Marokko gewesen. Bereits beim Aussteigen aus dem Bus in Casablanca war ich angespuckt worden; in Marrakesch bezahlte ich für Wegauskünfte, nach denen ich nicht gefragt hatte, während sich Bettler an mein Hosenbein klammerten und sich Dutzende Meter weit schleifen ließen. In deutlich ärmeren Ländern wie Bolivien und Peru war mir Derartiges nicht passiert. Verlässt man die marokkanischen Städte, bessert sich die Lage erheblich: Das Küstendorf Essaouira ist bezaubernd, Übernachtungen in der Sahara sind ein einprägsames Erlebnis. Darum hatte ich es in Marokko immerhin drei Wochen ausgehalten.

Vietnam habe ich nach drei Tagen verlassen. Zu eindeutig, zu ausnahmslos wurde ich als Geldbörse gesehen, an der dummerweise noch eine Person dranhängt. Niemand gab etwas von sich preis. Niemand wollte etwas von mir erfahren. Der erste Vietnamese, dem ich begegnete, fuhr mich statt zu einem Hotel in eine unbelebte Seitenstraße Hanois und wollte sechshundert Dollar, um mir den richtigen Weg zu zeigen. Ich ließ mich von ihm zu einem Bankschalter fahren und forderte meinen Rucksack, als gerade zwei Polizisten um die Ecke bogen. Der Nächste fuhr mich statt zu einem Hotel direkt vor ein überteuertes Etablissement im Rotlichtviertel und wollte einhundert Dollar für diesen Dienst. Ich machte ihm begreiflich, wohin er sich diese Summe stecken könne, baute vor den Augen aufdringlicher Damen meine Rikscha zusammen und erreichte schließlich – mit reichlich Verspätung, aber ohne Geld an Halbkriminelle verloren zu haben – eigenhändig eine Übernachtungsmöglichkeit.

Von Beginn an präsentierte sich mir die vietnamesische Hauptstadt als Ameisenhaufen, hoffnungslos überfüllt, Tag und Nacht versmogt, umgeben von trostlosen Feldern, durch die der kommunistische Größenwahn vierspurige Straßen gezogen hat.

Vielleicht, so dachte ich an jenem Abend in Hai, vielleicht verhält es sich mit den Mentalitäten in Vietnam und in Laos wie mit den jeweiligen Flaggen. Auf der einen Seite das machtgierige Vietnam, symbolisiert durch einen gezackten grellgelben

Stern auf rotem Hintergrund. Auf der anderen Seite eine harmonische Farbkomposition aus Blau und Rot und in der Mitte ein Kreis, eines der grundlegenden Symbole buddhistischen Denkens. Dank ihrer runden Formen und den warmen Farben haftet der laotischen Flagge eine Gelassenheit an, die fast wie aus der Zeit gefallen scheint. Das mag nicht die beste Voraussetzung sein, um kapitalistische Großtaten zu vollbringen. Doch an jenem ersten Abend, nach dem Gespräch mit Kong, war mir klargeworden, dass ich mir das richtige Reiseland ausgesucht hatte.

Sandalen, Störche und die Möglichkeiten des Lachens

Als ich am nächsten Morgen um sechs Uhr aufstehen wollte, stellte mein Körper klar, dass es sich dabei ja wohl bestenfalls um einen Scherz handeln könne. Das gestern absolvierte Pensum sei ihm gänzlich unbekannt; im Übrigen sei es durchaus angebracht, nach der kurzen Silvesternacht länger zu schlafen.

Vier Stunden später verließ ich Hai und zwang mich, langsam zu fahren. In den ersten Reisetagen wollte ich mich zurückhalten, mir erst nach und nach mehr Kilometer zumuten, bis es am Ende einhundertfünfzig pro Tag sein würden.

Büsche und vereinzelte Bäume flankierten den Weg. Palmen und Bananenstauden glitten an mir vorbei. Die Fauna und Flora des Landes ließ sich von der 13 South nicht stören. Ich umrundete schlafende Hunde, schreckte Hühner und Ziegen auf, fuhr in respektvollem Abstand um mächtige Wasserbüffel herum. Kinder riefen mir ihr helles *sabaii diii*, guten Tag, entgegen. Männer winkten mir mit entrücktem Lächeln vom Straßenrand zu. Mehrmals tanzten junge Frauen links und rechts der Nationalstraße zu Gesängen, die mit Trommeln unterlegt waren.

Die konnten doch gar nicht alle so zufrieden sein! Da musste doch ein Trick dahinterstecken! Seit ich in Laos unterwegs war, hatte ich keinen aggressiven Laut, nicht einmal eine mahnend erhobene Stimme wahrgenommen. Als sei das ganze Volk von den Räucherstäbchen besänftigt worden, die überall auf kleinen Schreinen vor sich hin glimmten, um die Geister gütig zu stimmen.

Unterstützung konnte ich von den Laoten hingegen nicht erwarten. Jeder Tag hielt eine Reise ins Ungewisse bereit. Ich war umgeben von Menschen, doch kaum jemand sprach Englisch oder eine andere mir geläufige Fremdsprache. Ich wusste nicht, ob und wo ich essen konnte, wo ich mich gerade befand und wie lange es bis zur nächstgelegenen Unterkunft dauern würde. Am schlimmsten waren die Kreuzungen. Sie tauchten unvermittelt auf und waren in den seltensten Fällen mit Schildern versehen. Als ich kurz vor dem Fischerdorf Pak Kading auf eine derartige Kreuzung stieß, deutete ich nach rechts und fragte drei am Straßenrand kauernde Marktfrauen: »Pak Kading?« Ich erntete eifriges Nicken und zuckersüßes Lächeln. Schon wollte ich dankbar nach rechts abbiegen, da beschloss ich, die erhaltene Auskunft zu verifizieren. Ich deutete unmissverständlich nach links und fragte noch einmal: »Pak Kading?« Eifriges Nicken und zuckersüßes Lächeln waren einmal mehr die Bestandteile der Reaktion, und mir wurde schlagartig klar, dass mich keine der Anwesenden verstanden hatte.

Die Unwilligkeit der Asiaten, ein Nein oder gar ein Das-weiß-ich-nicht auszusprechen, sollte mir im Verlauf meiner Reise mehrmals zu schaffen machen. Eine solche Antwort käme in den Augen meiner Gesprächspartner einer Beleidigung des Fragenden gleich, da jener den Rückschluss ziehen musste, dass seine Frage unangebracht gewesen war. Das jeweilige Ja konnte hingegen je nach Betonung und Situation mannigfaltige Bedeutungen annehmen. In Vientiane hatte ich mich beispielsweise am Silvesterabend dazu hinreißen lassen, einen Kellner zu fragen, ob ich eine auf der Menukarte vermerkte Mangocreme haben könnte. »Ja, natürlich«, erwiderte der Kellner und drehte sich auf dem Absatz um. Es war das letzte Mal, dass ich ihn sah. Als er nach gut zwanzig Minuten noch immer nicht zurückgekommen war, schwante mir, dass sein Ja in diesem Fall etwas bedeutet hatte wie: »Bedauerlicherweise ist uns die Mangocreme ausgegangen. Um Sie nicht zu brüskieren, bejahe ich Ihre Frage trotzdem und ziehe mich daraufhin zurück, bis Sie gegangen sind. Auf diese Weise behalten wir beide unser Gesicht.«

Die drei Straßenverkäuferinnen an der Kreuzung wollten mir mit ihrem Ja hingegen in etwa Folgendes sagen: »Wie nett, ein Tourist! Ich habe zwar keine Ahnung, was der junge Mann mit der langen Nase da eben gefragt hat. Da ich aber das englische Wort *yes* kenne, verwende ich es hier, um ihm eine Freude zu machen. Viel Spaß dann noch in Laos!«

Seit gestern durfte ich Kinder nicht mehr loben, da sich Dämonen zumeist die meistgeliebten einer Gesellschaft aussuchen. Korrekt wäre hingegen, ein junges Mädchen als hässlich zu bezeichnen und dabei zu lächeln. Ich durfte mich nicht um zwölf Uhr mittags verabreden, da sich zu jener Zeit Unglücke häufen. Ein Treffen um fünf vor oder nach zwölf zeugte hingegen von interkultureller Kompetenz. Mit dem Zeigefinger durfte ich kein Taxi heranwinken. Köpfe durfte ich nicht berühren, meine Schuhe durften nicht auf Personen weisen. Ich musste daran denken, immer eine gerade Anzahl von Gegenständen zu schenken, möglichst rote und gelbe, die Freude ausdrücken. Verpönt waren Sandalen, da sie auf Beerdigungen getragen werden, die Abbildung von Störchen beispielsweise auf Babyshampooflaschen, da sie den Reihern ähnlich sehen, die wiederum den Tod einer Frau bedeuten, Scheren, da sie das Zerbrechen einer Freundschaft symbolisieren und weiße, blaue oder schwarze Geschenke, da sie an den Tod denken lassen. Unter allen Umständen musste ich Gefühlsausbrüche vermeiden. Während ein entschiedenes Auftreten und eine gewisse Form des Eigenbrötlertums in westlichen Gesellschaften honoriert werden, gelten in Asien Zurückhaltung, Demut, Ruhe und Harmonie als Tugenden. Asiaten sprechen umso leiser, je wichtiger ein Thema ist. Und Lachen ist keineswegs zwangsläufig ein Ausdruck von Humor oder Lebensfreude. Im Gegenteil: Viele lachen, wenn sie schüchtern oder nervös sind, oder wenn sie einen Fehler gemacht haben.

Es würde einige Zeit in Anspruch nehmen, mich an die neuen Gegebenheiten zu gewöhnen – und einzusehen, dass Gebräuche und Gewohnheiten, Umgangsformen und kulturelle Prägungen nichts Feststehendes waren, sondern veränderbare Übereinkünfte.

Duell mit Johnny

Mein treuester Wegweiser war der Mekong, der sich – wenn ich mich auf dem richtigen Weg befand – rechts von mir von Laos auf Kambodscha zubewegte. Unendlich viele Gesichter besitzt dieser Strom, der im tibetischen Gletschereis entspringt. Za Qu nennt man ihn dort, das Wasser aus dem Felsen. Bevor er dreitausend Meter tiefer aus dem südlichen Himalaya heraustritt, hat er über zweitausend Kilometer zurückgelegt, neun Wasserfälle geschaffen und zahllose Schluchten geformt, die zu den am schwersten zugänglichen der Welt gehören. Langcang Jiang nennen ihn die Chinesen darum, den ungestümen Fluss. Erst in Laos kommt er scheinbar zur Ruhe. Unaufgeregt und zeitlos strömt er hier gen Süden. Seine milchkaffeebraune Farbe, die viele Touristen stört, deutet auf fruchtbares Schwemmland hin. Mae Nam Kong, Mutter aller Gewässer, heißt er hier, woraus schließlich Mekong geworden ist. Seine gefährlichen Unterströmungen verbirgt er unter einer makellosen Oberfläche. Nach fünftausend Kilometern gelangt er zum südchinesischen Meer, wo er eine amphibische Wasserlandschaft von der Größe der Niederlande erschafft. Inzwischen ist der asiatische Gigant jedoch in akuter Gefahr, seinen Charakter zu verlieren, den er Jahrtausende lang besaß. Allein in Laos sind fünfzig Staudämme geplant. Thailand hat bereits vierzig Dämme gebaut. Die aufstrebende Wirtschaft im reichen Nachbarland drängt mit

Nachdruck darauf, die Ressourcen des Mekong ökonomisch zu nutzen. Die »Electricity Authority of Thailand« geht von einer Vervierfachung des Energiebedarfs alle fünf Jahre aus.

Dank des trägen Stromes zu meiner Rechten fand ich schließlich wirklich nach Pak Kading, einem pittoresken Fischerdorf im Übergang. Noch waren die Dorfstraßen mit glutrotem Staub bedeckt. Noch schliefen Schweine auf ihnen, dösten Hunde in den wenigen Schattenplätzen. Noch lag der buddhistische Tempel, von Touristen unentdeckt, idyllisch am Ufer des Mekong, von dem aus man das benachbarte Thailand sehen konnte. Noch versteckten sich Kinder hinter den Beinen ihrer Eltern, sobald sie mich erblickten. Noch zog das gesamte Dorf einmal im Jahr zum Fluss, um einen Wasserbüffel zu opfern – als Nahrung für die vielköpfige Nagaschlange, die der Legende nach hier lebt. Doch bereits an den Rändern der Nationalstraße, die das Dorf durchschneidet, änderte sich der Charakter von Pak Kading. Hier, wo mehrmals täglich vollklimatisierte Reisebusse Touristen in die laotische Hauptstadt befördern und sich Fernfahrer zum gemeinsamen Bier treffen, verlangten die Dörfler bereits den doppelten Preis für Wasser und Süßigkeiten, und wer sich einen Fernseher leisten konnte, der drehte diesen mit der neuesten Karaokemusik stolz zur Straße hin. Erste, mutige Touristen steigen gar für Minuten aus dem Bus, um in Pak Kading das authentische Erlebnis zu suchen. Worin aber könnte dieses bestehen? Leuchtet es hinter dem entrückten Lächeln buddhistischer Novizen auf, denen man begegnet, wenn man die Hauptstraße verlässt und sich ans Ufer des Mekong begibt? Ist es in der Bewegung enthalten, mit der die Marktfrau eine gegrillte Heuschrecke herüberreicht? Oder versteckt es sich im Blick des Alten, in dessen Hütte man eine Nudelsuppe zu sich nimmt? Was macht uns eigentlich glauben, ausgerechnet in Laos auf authentische Erlebnisse zu stoßen? Warum meinen wir, solche nicht zum Beispiel in Garmisch-Partenkirchen oder in Berlin-Wannsee anzutreffen? Was meinen wir überhaupt, wenn wir authentisch sagen?

Mit einem Mal hatte ich ein Bündel Fragen geöffnet. Sie schwirrten um mich herum, während ich durch die Gassen Pak Kadings lief, vorbei an Hütten aus Lehm, begleitet von den scheuen Blicken der Dorfjugend.

Was wird wohl in zehn Jahren aus dem charmanten Fischerdorf geworden sein? Werden die Kinder, die sich nicht trauten, mich zu grüßen, dann mit Mopeds über geteerte Straßen fahren und sich die neuesten Handymodelle von Nokia und Samsung ans Ohr halten, gekauft vom Geld der Touristen, die diesen Ort entdeckt haben werden? Und warum fiel mir kein Grund ein, ihnen die Entwicklung, die sich im Ansatz bereits abzeichnete, zu verwehren?

Die Sonne stand wie ein goldenes Auge am Himmel, als ich am folgenden Tag in Nam Thone einfuhr. Wolken schienen hier Mangelware zu sein. Vermutlich befanden sich gerade alle, wie so oft, in Europa und ganz besonders über Deutschland.

Wie die Fäden eines Spinnennetzes hatten sich die staubigen Straßen heute entrollt. Intuitiv war ich Abzweigungen gefolgt und unvermittelt vor der geschmückten Eingangstür eines Gästehauses gelandet, an der ich nicht vorbeifahren konnte. Den ganzen Tag über hatte ich nichts Vernünftiges zwischen die Zähne bekommen. Meinen Proviant – eine Packung gewöhnungsbedürftige, mit Buttercreme bestrichene Knäckebrote aus Thailand – hatte ich aufgebraucht, kurz nachdem ich ihn in Pak Kading gekauft hatte. Ein herzhaftes Abendessen, gefolgt von der Geborgenheit eines vernünftigen Zimmers, schien mir angesichts dieser Umstände kein Fehler zu sein. Beides sollte sich jedoch in einer Art und Weise realisieren, mit der ich nicht gerechnet hatte.

Der Wind griff in den Straßenstaub und warf ihn gegen die Zimmertür, als ich mich, den gerade erworbenen Schlüssel in der Hand, schweren Schrittes auf sie zu bewegte. In der Ferne schrie ein Ferkel jämmerlich nach seiner Mutter. Im Gästehaus von Nam Thone hatte sich eine Stille eingenistet, die nichts anderes war als der Hinweis auf den Sturm, der gleich losbrechen würde. Als duckten sich die Vögel tiefer ins Geäst, als hielten selbst die Ameisen kurz inne, aus Furcht vor der bevorstehenden Explosion, der sie dennoch nicht entkommen konnten.

Mit einer Vorahnung behaftet, drehte ich mich noch einmal um, bevor ich den rostigen Schlüssel im Schloss nach links drehte. Mit einem hellen Quietschen fiel die schwere Holztür in den Raum ein und presste sich sogleich eng an die Wand zu meiner Linken. Ein Windstoß drängte herein und spielte mit der Tür zum Badezimmer. Auf dem geräumigen Doppelbett lag Johnny.

Der Wind nahm Reißaus und fuhr wütend über mein SMIKE her, das ich neben dem Eingang abgestellt hatte.

Johnny hatte blutunterlaufene Augen. Er legte seinen rechten Vorderhuf auf das Kopfkissen, um unmissverständlich deutlich zu machen, dass er diesen Ort für sich beanspruchte. Man sah ihm an, dass er einem Gegner wie mir nicht zum ersten Mal gegenüberstand.

Im selben Moment wurde uns klar, dass einer von uns beiden diesen Raum verlassen musste. Einer von uns würde hinaus in den beginnenden Abend getrieben werden und elendig um die Häuser streichen, während der andere in einem weichen Bett liegen konnte, geschützt vor dem Zugriff des Windes und der Moskitos. The winner takes it all, der Unterlegene würde in die Röhre schauen. So lauten nun mal die Gesetze, die das Leben schreibt.

Bereits als Kind hatte ich Respekt vor Ziegenböcken gehabt. Streichelzoos waren nie mein bevorzugter Aufenthaltsort gewesen. Dass ich jedoch einmal mit einem ausgewachsenen Exemplar um meine Bleibe kämpfen musste, wäre mir damals nicht im Traum eingefallen.

Johnny hatte jedenfalls Nerven wie Drahtseile. Durch mein Erscheinen ließ er sich nicht im Mindesten aus der Ruhe bringen. Ich klatschte mehrmals kräftig in die Hände, um ihn zu vertreiben. Dabei rief ich etwas wie »Geh weg!« und »Du hast hier nichts verloren!« was Johnny mit einem Blöken beantwortete, das vermutlich Ähnliches aussagte. Von seinen seltsamen Augen und einer Narbe an der rechten Seite abgesehen, war er eigentlich ein schönes Tier. Bei anderer Gelegenheit hätten wir vielleicht gar Freunde werden können. Die Umstände hatten uns jedoch zu einem ungünstigen Zeitpunkt zusammengeführt.

Ich machte zwei schnelle Schritte auf ihn zu und brachte ihn dazu, vom Bett zu rutschen. Nun jedoch stand er vor der Badezimmertür und blökte erneut, als wolle er unterstreichen, dass das jetzt aber wirklich genug Einlenken von seiner Seite gewesen sei. Erst als ich mein SMIKE ins Zimmer schob, es vor ihm aufbaute und immer wieder die Klingel betätigte, trollte sich Johnny unter Protest von dannen, und ich konnte mein heutiges Gästezimmer begutachten.

Umgerechnet hatte es zwei Euro gekostet und war entsprechend eingerichtet, nämlich: gar nicht. Neben Johnnys ehemaliger Bleibe enthielt es lediglich einen Eimer Wasser, der im Nebenzimmer stand, und in dem die berüchtigte Schöpfkelle schwamm. Dennoch war ich stolz, diesen Raum so bravourös erobert zu haben. Zufrieden stellte ich meinen Mosquito Dome auf dem Doppelbett auf, ein äußerst hilfreiches Accessoire, leichter als ein Zelt und zuverlässig bei der Abwehr von Insekten und Krabbeltieren aller Art. Während meiner gesamten Reise sollten nachts die Anopheles-Mücken, die Malariaerreger in sich tragen konnten, ein Gefahrenpotenzial aufrechterhalten; tagsüber übernahmen diese Aufgabe die Aedes-Mücken, die für das Dengue-Fieber zuständig sind. Der Mosquito Dome würde auch die Fledermäuse fernhalten, die, wie ich sofort bemerkte, in den Wänden hausten und nachts im Raum umherschwirren würden.

Nach der Begutachtung meines Domizils machte ich mich auf den Weg in das Städtchen und betrat auf gut Glück das erstbeste Straßenrestaurant. Dort traf ich endlich jemanden, der Englisch sprach. Ihr Name war Lham, vielleicht auch Lang oder Lam. Sie kauerte auf dem Lehmboden des Hauses, das wie immer alles in einem war: Restaurant, Verkaufsraum, Küche, Wohn- und Schlafzimmer. Aus den Augenwinkeln hatte ich gesehen, dass Lham, Lang oder Lam in einem kleinen Heftchen las, in dem zweispaltig Worte untereinander geschrieben waren. Mein Verdacht, dass sich ihr Vokabelbüchlein im Verlauf des Abends als nützlich erweisen würde, sollte sich gleich von Beginn an bestätigen.

»Hello, I love you, what do you want?« flötete mir meine Gastgeberin entgegen, und ihr Dauerlächeln steigerte sich zu einem breiten Grinsen. Ich deutete in irgendwelche Töpfe, in denen Fleisch und Gemüse brutzelten.

»Maybe a little spicy«, ließ Lham, Lang oder Lam amüsiert vernehmen, als ich meinen Klebreis mit der rechten Hand zu einem Bällchen geformt, in grüne Chilisoße getaucht und kurz darauf hektisch Brot und Wasser verlangt hatte. Ich lächelte ihr gequält zu und machte mich über das Fleisch-Gemüse-Gemisch her, das vorzüglich schmeckte. Ich wunderte mich lediglich, warum alles so klein war. Eine Leber, die ich verspeiste, hatte beispielsweise nur die Größe eines Fingernagels. Ich winkte Lham, Lang oder Lam zu mir und fragte sie hoffnungsvoll: »Chicken?«

»Rat!« antwortete sie freundlich, und ich hoffte im ersten Moment inständig, dass sie in der Zeile ihres Vokabelbüchleins verrutscht war. Doch da hatte sie bereits einen Stock hervorgeholt, auf den eines dieser Tiere gespießt war. Ich hatte soeben Ratte mit Gemüse gegessen. Es hatte gut geschmeckt. Nachdem ich meinen Schreck mit einem Viertelliter Lao Beer hinuntergespült hatte, fragte ich Lham, Lang oder Lam, ob sie wisse, wo Deutschland liege. Klar wisse sie das, gab sie erbost zurück, Deutschland liege *after ocean*. Hinter dem Meer also, das war immerhin eine zutreffende Beschreibung.

Bevor ich zurück in mein Zimmer mit den Fledermäusen ging, drehte ich mich nochmals um und fragte, ob hier jemals zuvor ein Tourist gegessen habe. Lham, Lang oder Lam zog kurz die Stirn in Falten, als blättere sie in Gedanken sämtliche

Erinnerungen zurück, die sich im Verlauf ihrer neun Jahre angesammelt hatten. Dann strahlte sie mich an und schüttelte den Kopf. »Booo«, ließ sie vernehmen, was in diesem Land einer Verneinung gleichkam, »you are first!«

Unter Sinnsuchern I: Reisen als Verdammnis

»Woo laii«, sagte eine knapp sechzigjährige Verkäuferin zu mir, als ich mich am nächsten Tag zu einer ersten Pause entschied. In ihrer Hand hielt sie eine kleine Plastiktüte, die bis oben hin mit Reis gefüllt war. »Woo laii«, beharrte sie und sah mich mit großen Augen an. Da erst begriff ich: Was sie mich fragen wollte, lautete in Wahrheit: »Do you want rice?« An jenem Tag fiel es mir wie Schuppen von den Augen. Wie oft war ich zuvor an einen Straßenstand getreten und hatte nach *rice* gefragt! Außer in Hai hatte niemand etwas mit meinem Wunsch anfangen können. Seit meiner heutigen Erfahrung jedoch verlangte ich grundsätzlich nach *sticky laii*. Diesen Klebreis sollte ich während meiner langen Reise noch schätzen lernen.

Die Stadt Thakhek am Mekong ist von erschütternder Hässlichkeit, ein asphaltgrauer Verkehrsknotenpunkt auf einer Handelsstraße zwischen Thailand und Vietnam. Hier, an einer der schmalsten Stellen von Laos, beugen sich die beiden mächtigen Nachbarn über das kleine Land. Hier heuern sie laotische Arbeiter zu lächerlichen Löhnen an, die ihre Waren weiterverarbeiten, auf Lastwagen laden und fortbewegen. In Thakhek ist alles auf die Bedürfnisse der Thai und der Vietnamesen ausgerichtet.

Angesichts rumpelnder Lastwagen und lärmender Mopeds verließ ich die 13 South und wählte einen Ruckelweg, der mich direkt am Mekong entlangführte. Hier, wo der Asphalt aufhörte, war ich in das Hoheitsgebiet eines mächtigen Herrschers geraten, der mich mit Abertausenden seiner Soldaten empfing.

Ich atmete Staub ein, Staub aus.

Ich schmierte mir Staub in die Augen, wenn ich den Schweiß auf meiner Stirn wegwischen wollte.

Staub knirschte zwischen meinen Zähnen, nistete sich in meinen Ohren ein, umringte meine Gedanken.

Staub legte sich wie eine Haut auf meine Hose, mein T-Shirt, meine Mütze.

Staub stob in Wolken auf, wenn mich ein Moped überholte. Staub ließ Lastwagen vor mir schlingern. Staub malte mein SMIKE ockerfarben an.

Der Herrscher hasst alles Weiße, alles Reine. Er erobert es im Bruchteil von Sekunden, begrapscht und verschmutzt es. Er brandmarkt es, um zu beweisen, dass es ihm gehört. Er findet jede Öffnung und verstopft sie mit knirschenden Körnern. Das hier war sein Reich. Ich war lediglich sein Gast.

Der Staub machte mir gehörig zu schaffen an jenem Tag. Er erschwerte nicht nur das Atmen, er sorgte auch dafür, dass mein SMIKE ins Schlingern geriet, dass es Kurven beschrieb, die ich nicht geplant hatte, und dass seine drei Räder mitunter durchdrehten, ohne den Boden unter ihnen zu fassen zu bekommen.

Kein einziges Mal konnte ich meine Rikscha heute rollen lassen. Pausenlos musste ich treten, um voranzukommen. Dabei musste ich permanent lächeln und die Freundlichkeiten um mich herum erwidern. »Sabai dii«, scholl es mir aus Büschen und Hauseingängen entgegen, »I love you«, beteuerten die Mopedfahrer, wenn sie mich überholten. Besonders bei Letzteren fiel mir auf, wie sehr sich das Aussehen der Menschen, die mir begegneten, von dem meinen unterschied.

Die meisten Frauen sahen aus wie Kinder. Sie wirkten zierlich und zerbrechlich; markante Rundungen fehlten ihnen. Bei einigen hatte ich Angst, sie könnten durch den Luftzug meines SMIKE umfallen, wenn ich an ihnen vorbeifuhr. In der Regel schätzte ich sie zehn Jahre jünger ein, als sie waren. Kamen sie zu Geld, trieb ihr Hang zum Barbiehaften seltsame Blüten. Die Anzahl knallbunter Miniröcke, Mickeymaushandtaschen und rosafarbener Plüschtiere am Handy sollte zunehmen, je näher ich meinem Ziel, Singapur, kam.

Die Männer wirkten ungewohnt feminin mit ihren weichen, bartlosen Gesichtern, ihren schmächtigen Körpern, dem federnden Gang und ihren leisen Stimmen. Der Eindruck verstärkte sich, da sie ihre Fingernägel wachsen und spitz zulaufen ließen, um zu unterstreichen, dass sie keinen körperlich anstrengenden und damit schmutzigen Beruf ausüben mussten.

Was ich vorfand kam mir in gewisser Weise fortschrittlich vor – und gleichzeitig erschien es mir: harmlos. Zweifellos befand ich mich in einem angenehmen Reiseland. Wie oft sollte ich das vollbepackte SMIKE unabgeschlossen vor einem Supermarkt stehenlassen! Jedes Mal konnte ich sicher sein, es nach meiner Rückkehr unversehrt an seinem Platz vorzufinden. Und dennoch ertappte ich mich mehrfach dabei, wie ich dem seltsamen Knistern und dem Kribbeln im Bauch nachtrauerte, das ich während meiner Reisen durch Südamerika erlebt hatte.

Bereits am folgenden Tag sollte ich, zum ersten Mal seit meiner Abfahrt, Gelegenheit bekommen, meine Eindrücke mit Gleichgesinnten zu teilen. Ich hatte mich inzwischen ans Rikschafahren gewöhnt und Zeit, eine Umgebung zu genießen, die mit Kokospalmen, endlos scheinenden Reisfeldern und kleinen Seen aufwartete. Mit einem entrückten Lächeln, einem buddhistischen Mönch wohl nicht unähnlich, fuhr ich an diesem Tag durch Laos. Entspannt kam ich nach siebzig Kilometern in dem Städtchen Pakxon an.

»Ihr Freund ist bereits vor einer halben Stunde angekommen«, behauptete die Besitzerin der Jugendherberge und deutete vage in einen Flur hinein. »Er hat sich für das zweite Zimmer entschieden. So bleibt Ihnen das erste.«

Verwirrt folgte ich der Dame durch den Flur. An seinem Ende klopfte sie resolut an die Zimmertür, auf die mit schwarzer Schrift eine »2« gemalt war, bis der Schlüssel von innen zweimal im Schloss gedreht wurde. Die Tür öffnete sich, und mir war, als blickte ich in einen Spiegel.

Ein Mann mit blaugrünen Augen, kurzen, blonden Haaren und einem schmalen Gesicht trat heraus. Seit zwei Wochen war Erik mit dem Fahrrad unterwegs. Alle zwei bis drei Jahre breche er aus seinem Alltag als Kommunikationstrainer in Holland aus und unternehme größere Touren in entlegenen Weltregionen, vertraute er mir an. Noch bevor ich mein Zimmer aufgesucht hatte und die Jugendherberge von Pakxon damit vollständig belegt war, befand ich mich mitten in einer Fachsimpelei über chinesische Waffeln, laotische Straßenverhältnisse und suboptimalen Reifendruck. Von Beginn an beeindruckte mich Eriks Selbstsicherheit. Er strömte eine Energie aus, die es sich leisten konnte, Allianzen mit der Gelassenheit eines Weitgereisten einzugehen. Seine fünfundvierzig Jahre sah man ihm nicht an. Seine Kraft zeigte sich nicht in Muskelwölbungen oder markigen Worten. Sie kam durch seinen harten, direkten Blick zum Ausdruck, steckte in den Falten seines scharfkantigen Gesichts, sprach aus der eleganten Geschmeidigkeit seiner Bewegungen, wenn er wie selbstverständlich vier Stufen einer Treppe mit einem Satz nach oben sprang. Dann ahnte man, dass Muskelstränge in ihm arbeiteten, die an dauerhafte Belastungen gewöhnt waren und die Herausforderungen des Alltags – Bordsteine, schwere Türen und Aktentaschen – kaum bemerken dürften. Bevor ich endgültig in mein Zimmer ging, verabredeten wir uns, am Abend des nächsten Tages dieselbe Herberge siebzig Kilometer südlich anzusteuern.

Als ich mein SMIKE am nächsten Morgen um sieben Uhr startklar machte, war Erik bereits fort. Auch die heutige Fahrt erschien mir leicht im Vergleich zu meinen ersten Tagen. Von den knäckebrotartigen Keksen mit Buttercreme war ich auf thailändische Schokowaffeln umgestiegen. Darüber hinaus gab es kaum eine Möglichkeit, etwas Sinnvolles zwischen die Zähne zu bekommen. Einhundert Waffeln, einzeln verpackt, hatte ich mir kurz vor der Abfahrt gekauft. Als ich in Khonxédon ankam, hatten sie sich in einen Haufen verschmierter Plastikhüllen verwandelt.

Ich machte große Augen, als ich, bereits um fünfzehn Uhr, das avisierte Gästehaus abseits der Hauptstraße erreichte und dort nicht nur Erik vorfand, sondern auch Norman, der lässig an der Veranda lehnte. Norman sah kaum älter aus als Erik. Seit über fünfzig Jahren reiste er durch die Welt. Aufgewachsen war er in Hawaii. Vor zwanzig Jahren hatte er eine Japanerin geheiratet, war zu ihr nach Tokio gezogen und hatte eine Stelle als Manager in einer großen Firma gefunden. Die fünfzig bis sechzig Stunden Arbeit pro Woche nahm er unter der Bedingung auf sich, zweimal im Jahr eine wirklich außergewöhnliche Reise machen zu können.

Als sich die Nacht über unsere Herberge senkte, gingen wir ins Dorf und beugten uns jeweils über eine immense Portion Reis, garniert mit Ei, Chilis, Knoblauch und Fleischstücken, die vielleicht von einem Huhn stammten. Wir vertrieben uns die Zeit, indem wir Norman ein beliebiges Land nannten. Er hatte dort unter Garantie etwas Außergewöhnliches erlebt.

In Sierra Leone hatte er, einer Ahnung folgend, mitten in der Nacht ein Hotel verlassen, das drei Stunden später bis auf die Grundmauern abbrannte.

Im südindischen Kerala checkte er in einem Hotel ein, ging auf sein Zimmer und rief von dort aus die Rezeption an. Ob etwas mit dem Zimmer nicht in Ordnung sei, fragte man ihn. Das Zimmer sei perfekt, ließ er wissen, und doch gäbe es ein Problem: Ein toter Mann läge in seinem Bett. Wie sich herausstellte, hatte der Putzmann nach geleisteter Arbeit keine drei Stunden zuvor einen Herzinfarkt erlitten. Norman ließ die Leiche hinaustragen und bezog dann das Zimmer.

Im Süden Bangladeschs fand er drei Ratten in seinem Hotelzimmer vor. Man könne leider nichts dagegen unternehmen, gab man ihm auf seine Anfrage hin Bescheid, »aber bitte glauben Sie mir doch, Sir, die Ratten gehören nicht zu diesem Hotel!«

In Tokio hatte er fünftausend Dollar in der Tasche seines Mantels vergessen. Drei Tage lang hatte er sie in der gesamten

Wohnung gesucht, hatte Freunde befragt und die Orte aufgesucht, an denen er unlängst gewesen war. Dann hatte er seinen Mantel bei der Reinigung abgeholt. Wortlos überreichte ihm der Besitzer zusammen mit seinem Mantel den Umschlag mit dem Geld. Er sei schließlich sein Kunde, ließ dieser verlauten, als Norman ihn fragte, warum er das Geld nicht unterschlagen hatte.

In einem Nest unweit von Tijuana überfielen ihn hingegen vier bewaffnete Mexikaner. Sie entwendeten ihm einen Geldbeutel mit fünfzig Dollar darin. Die zweieinhalbtausend Dollar, die Norman im rechten Schuh mit sich trug, bemerkten sie nicht. Er hatte sie fünf Minuten zuvor abgeholt, um seinen Rückflug nach Japan zu bezahlen.

Bis spät in die Nacht tauschten wir Erlebnisse aus, schwärmten von kommenden Reisen und dezimierten den Biervorrat der Bar. Was für eine seltsame Gruppe, dachte ich bei mir: Norman der Weltenbummler, Erik, der Globetrotter, ich, derzeit ein Rikschist – drei Verrückte, drei Getriebene beim Zwischenstopp am Rand der 13 South, die sich neben der Bar wie ein Schatten entlangzog. Sie legte sich in die Felder, ließ Lichtpunkte zu beiden Seiten zurück und erzitterte alle paar Stunden unter dem Röhren eines Lastwagens, der Waren in die Hauptstadt brachte.

Ich musste Erik und Norman nur anschauen, um zu wissen, dass sie dasselbe dachten wie ich. Wir trugen eine Rastlosigkeit mit uns herum, eine Neugierde, deren permanente Anwesenheit der weitgereiste französisch-spanische Sänger Manu Chao einst als *una condena* bezeichnet hatte, eine Verdammnis also, um dann mit der für ihn typischen Mischung aus Lebensfreude und Melancholie fortzufahren: »Ich trage einen Motor in mir, der nie aufhört sich zu drehen. Ich trage einen Weg in meiner Seele, der dazu bestimmt ist, nirgendwo anzukommen.« Und obwohl wir uns bewusst waren, dass sich die Linien unserer Reisen, weil sie zu keinem Ziel führten, immer wieder zu Kreisen vereinen würden, mussten wir sie dennoch unternehmen. Sie lehrten uns, die Einzelheiten am Wegrand wahrzunehmen und zu erkennen, dass unsere Vorstellungen und Werte erlernt und damit begrenzt waren. Durch die Reisen lernten wir, uns mehr und mehr an unseren inneren Stimmen zu orientieren und weniger stark auf das zu reagieren, was andere von uns verlangten, erhofften oder befürchteten. Durch sie gaben wir den Dingen Raum, die Brücken zwischen uns bauten. Die Lücken, die der Mangel an Worten riss, füllten wir durch Gesten, Mimiken und humoreske Einlagen. Vielleicht, so räsonierten wir, als es auf zwei Uhr zuging, gehörten wir zu den Menschen, die nur in der Bewegung zur Ruhe kommen können. Weil wir wissen, dass sich alles um uns herum ständig bewegt – und dass dies in Wahrheit das Leben ist: Eine ständige Bewegung, die aufgrund ihrer Ziellosigkeit einen Kreis beschreibt. Ganz so, wie es die Religion des Landes, in dem wir uns befanden, seit jeher annimmt.

Wenn dem so sei, schloss Norman unseren philosophischen Ausflug, sollten wir uns darauf konzentrieren, den Weg, den wir gehen, so angenehm wie möglich zu gestalten – und in dieser Hinsicht sei eine Reise durch Laos kein schlechtes Unterfangen.

Eine Stadt macht Yoga

Am darauffolgenden Morgen löste sich unsere Gruppe auf: Erik fuhr auf das nahegelegene Bolaven-Plateau, Norman machte einen Tag Pause, und ich begab mich auf den Weg ins südlaotische Pakxé. Während der gesamten Fahrt schmeichelte die Sonne den Gräsern und Bäumen links und rechts der 13 South. Sie umgarnte Äste und Blätter, liebkoste Halme und Blüten, bis sie sich verschämt im Wind eines sich andeutenden Nachmittags wiegten. Die Bäume schienen mir zuzulächeln. Im Nachhall der gestrigen Diskussion hängte ich meine Blicke an sie, als ich an ihnen vorbeifuhr, und sah ihnen nach, wie sie, immer langsamer werdend, vor mir flohen, bis sie schließlich weit hinter mir zur Ruhe kamen. Vielleicht aber flohen sie gar nicht, vielleicht war ich es in Wirklichkeit, der floh, und vielleicht korrespondierte dieses kindliche Spiel darum so gut mit meiner Sehnsucht, weil es in Wahrheit eine Parabel auf das Leben war, das eine Aneinanderreihung von Augenblicken ist, an denen man vorbeistreift, und die man immer erst dann einordnen kann, wenn sie sich entfernt haben und zur Ruhe gekommen sind – niemals aber zu dem Zeitpunkt, in dem sie passieren.

Überall dort, wo ich auf Menschen traf, wurde ich rasch aus derlei Überlegungen gerissen. In den Dörfern, die die Nationalstraße auffädelte, löste ich regelmäßig den »Falang-Alarm« aus. Meist entdeckten mich spielende Kinder, noch bevor ich die ersten Häuser des Dorfes passiert hatte. Sie stürmten auf mich zu, ruderten mit den Armen wie Windmühlenflügel. »Falang! Falang!« schrien sie aus Leibeskräften, und ich fühlte mich an die Warnrufe von Murmeltieren erinnert. Nur dass die Mitglieder der Dorfgemeinschaft nicht wie der Blitz im Erdreich verschwanden, sondern dass im Gegenteil ein Kopf nach dem anderen hinter Fenstern, Haustüren und Bäumen erschien und sich das ganze Dorf schließlich am Straßenrand aufreihte. Männer klopften mir anerkennend auf die Schulter, Kinder zeigten mit dem Daumen nach oben. Man wünschte mir Erfolg, schenkte mir Wasser – und vor allem starrte man dieses eigenartige Wesen mit den drei Rädern an. Vielleicht hielten mich manche Kinder für einen seltsamen, verschwitzten Zauberer; vielleicht hatten ihre Mütter ihnen abends, vor dem Schlafengehen, erzählt, dass dort, wo ich herkam, stark behaarte Riesen mit weißfarbener Haut lebten, die in Häusern wohnten, die Trutzburgen ähnelten. Sie stapften durch tiefen Schnee und fuhren in beheizten Autos herum. Einer von ihnen war nun über den Ozean geflogen, um ausgerechnet ihr Land zu besuchen. Fast tat es mir leid, meinen Zuschauern in diesen Momenten kein Kunststück vorführen zu können. Gerne hätte ich es durch ein Fingerschnippen regnen lassen oder eines der putzigen Äffchen, auf die ich auf meiner Fahrt immer wieder stieß, aus meiner schweißnassen Baseballmütze gezaubert. Wäre ein Marsmensch in ihr Dorf gekommen, der grüne anstatt weißer Haut besaß, wäre die Aufregung vermutlich kaum größer gewesen.

Pakxé erinnert seine Besucher daran, dass Laos jahrzehntelang von den Franzosen besetzt gewesen war. Neben übersichtlichen Boulevards und Kreisverkehrsanlagen besteht der Vorteil, in einem französisch beeinflussten Land zu sein, darin, dass man in der Regel einen exzellenten Kaffee vorfindet. Auf dem Weg von einer Bar zur nächsten kam ich mit drei jungen Mönchen ins Gespräch. Sie waren überaus belesen, lernten im Kloster Englisch, Mathematik, Biologie und Chemie und blieben in all ihren Aussagen abwägend und gelassen. Als sie erwähnten, dass es ihnen aufgrund der finanziellen Situation nicht möglich sei, ein Land wie Deutschland zu besuchen, taten sie dies ohne jegliche Wertung. Und ich antwortete ihnen ebenso. Der ruhige Pulsschlag dieser Stadt hatte auf mich abgefärbt.

Unaufgeregt präsentiert sich dieses Fleckchen in Südlaos. Es strömt eine Zufriedenheit aus, die es nicht nötig hat, sich an Moden und Trends zu orientieren. Durch seine träge Eigenwilligkeit erinnert Pakxé an den Mekong, der direkt neben der Stadt so gemächlich vorbeifließt, als ruhe er sich an dieser Stelle von der langen Reise aus, als sammle er Kraft, ehe er wenig später in kaskadenartigen Wasserfällen Kambodscha entgegenstürzt. Ich tat es ihm gleich: Auch ich sammelte Kraft in dieser Stadt, die im ruhigen Yoga-Atem zu leben schien. Kein Vergleich zu einem atemlosen Paris, das von Event zu Event hetzt, oder zu einem New York, das pausenlos immer größere Bauwerke erschafft. Ja, vielleicht beschreibt das die Stadt am besten: Pakxé befindet sich inmitten einer Yogaübung. Vom Zen-Atem geprägt, ist es in einer ruhigen, fließenden Bewegung begriffen, die jegliche Hektik ausschließt.

Der Einbruch am nächsten Tag kam ohne jede Vorwarnung. So viele Kilometer waren es nicht gewesen, knapp siebzig, und drei Packungen thailändischer Schokowaffeln hätten mir genügend Energie geben müssen, um mein heutiges Ziel zu erreichen. Eine staubige Seitenstraße hatte ich gewählt, die zu einem Dörfchen am Rande der Wetlands, einem südlaotischen Sumpfgebiet, in dem Elefanten, Tiger und Krokodile leben, führte. Unvermittelt schien es, als habe sich der Staub der Straße in Klebstoff verwandelt, in dem die Räder meines SMIKE hängenblieben. Bergauf und bergab schlängelte sich der Pfad. Die Sonne presste mich aus wie eine reife Orange. Schweiß strömte meinen Rücken herab, sammelte sich höchst unvorteilhaft in meinen Achselhöhlen, tropfte von meinen Ellbogen herab auf die Straße. Bei jeder neuen Steigung schnappte ich nach Luft wie ein Fisch auf dem Trockenen. In Wellen pochte Schmerz durch meinen Magen.

Fünfzehn Kilometer fehlten noch bis zu meinem heutigen Ziel, dem Dörfchen Kiet Ngong, das zwar jenseits meiner sprachlichen Möglichkeiten lag, geografisch jedoch keine allzu große Herausforderung darstellen sollte. Gegen meinen Willen, der zur Eile mahnte und sich mit meinem Stolz verbündet hatte, der kaum glauben konnte, dass ich mich von einigen Hügeln aufhalten ließ, setzte sich mein Körper durch, indem er die übersäuerten Muskeln, den Schweiß auf der Haut, der nicht kühlte, und das wilde Pochen seines überforderten Herzens als Argumente in die Waagschale warf. Ich zog mich in den Schatten eines nahegelegenen Busches zurück und zwang mich zu einer einstündigen Pause, bevor ich zurück in den Klebstoff fuhr. Entkräftet und schweißgebadet kam ich schließlich bei einigen Bambusholzhütten an, als die Sonne ihr Tagwerk beinahe vollbracht hatte.

Auf dem Weg zur letzten Hütte, der Kingfisher's Ecolodge, machte ich mir Gedanken, wer eine derartige Anlage errichtet haben könnte. Ich hatte einen starken Verdacht, der sich nach meiner Ankunft vollauf bestätigen sollte.

»Hallo, ich bin Massimo. Fühl dich wie zu Hause!«

Richtig: Nur ein Europäer konnte eine Einrichtung wie die Kingfisher's Ecolodge betreiben! Zu perfekt war das Angebot auf die Bedürfnisse westlicher Touristen abgestimmt, die sich der Natur nahe fühlen wollen – aber bitte mit allen Annehmlichkeiten der Zivilisation. Auf diese Weise konnte man ruhigen Gewissens sein Schweineschnitzel genießen, weil doch alles öko war. Ein Italiener also hielt die Ecolodge am Laufen.

Ich bezahlte zehn Euro für die Übernachtung, was einem laotischen Wochengehalt entsprach, und bezog einen Bungalow, der sich genau am Rand der Wetlands befand. Von meiner Warte aus konnte ich sehen, wie Ibisse durch den Sumpf stapften, und weit draußen zogen große Tiere, vielleicht Elefanten, vorbei. Hier, abseits aller Straßen, würde ich einen Tag Pause machen.

Erkenne dich selbst – aber nur im Notfall!

Zu spät hatte ich das faustgroße Loch in der Wand meines Bungalows bemerkt. Irgendetwas lebte dort drinnen – eine Ratte wahrscheinlich, vielleicht auch ein Marder. Es könnte auch eine Fledermaus, eine Skorpionfamilie oder eine Schlange sein. In jedem Fall, das merkte ich, als ich einschlafen wollte, war mein Zimmernachbar nachtaktiv. Kaum hatte ich die Augen zugemacht, hörte ich ein Kratzen; brechendes Holz, und zuweilen fuhren mir spitze Schreie durch Mark und Bein. Eine halbe Stunde lang wälzte ich mich hin und her, dann stand ich auf und verstopfte das Loch mit einer Konstruktion aus drei alten Zeitungen, zwei gebrauchten Handtüchern und einem umgedrehten Mülleimer. Als ich eine Stunde später von einem Toilettengang zurückkam, lag der Mülleimer mitten im Raum. Das Loch war wieder offen. Fünfmal wachte ich in jener Nacht auf, weil ich sicher war, dass sich das Tier direkt neben mir befand.

Als ich mein WG-Zimmer am nächsten Morgen verlassen wollte, fiel mein Blick auf den Spiegel, der an der Holzwand hing. Direkt darunter fand ich folgenden Hinweis: »Please use only in case of emergency«.

Bitte nur im Notfall benutzen. Dieser Satz gab mir nachhaltig zu denken. Hätte ich den Spiegel vielleicht verwenden sollen, um damit die Ratte zu erschlagen, sobald sie sich durch die Wand genagt hatte? Doch je länger ich darüber nachdachte, desto sicherer war ich mir, dass in der Kombination des Spiegels mit dem darunter angebrachten Hinweisschild in Wahrheit eine tiefe philosophische Weisheit zum Ausdruck gebracht wurde, ja dass sich dadurch ein Weltbild manifestierte, das den Philosophieklassikern von Platon bis Sartre eine entscheidende Komponente hinzufügte. »Gnothi Seautón« stand in der Antike am Tempel des Apoll in Delphi: Erkenne dich selbst. Buddhisten üben sich in Meditation, Späthippies und religiöse Eiferer werfen Drogen ein, um gemäß dieser Aufforderung zu leben. In der Kingfisher's Ecolodge wurde das Profil dieses Denkansatzes durch das Aufzeigen seiner Grenzen geschärft. Erkenne dich selbst – aber nur im Notfall! Wenn beispielsweise die Hoffnungen und Träume, die Ängste und Sorgen, die unser Menschsein ausmachen, zu offensichtlich mit der Realität kollidieren. Bis zu jenem Punkt jedoch ist es unter Umständen besser, mit ihnen zu leben. Ein paar Illusionen braucht schließlich jeder. Der Weg zur Illusionslosigkeit ist hart und steinig. Je länger ich den Spiegel mit der radikalhedonistischen Inschrift darunter betrachtete, desto überzeugter war ich, dass die Kingfisher's Ecolodge am Ende gar so etwas wie das Zentrum eines subtilen Widerstands gegen den allgegenwärtigen laotischen Volksbuddhismus war. Gegen all den Sanftmut, das permanente Lächeln und die nahezu übermenschliche Gelassenheit wurde hier der Keim eines völlig anderen Weltbilds gesetzt. Zu dieser Vermutung passte, dass Massimo offensichtlich eine Vorliebe für Masken aller Art hatte. »Gib einem Menschen eine Maske, und er sagt dir die Wahrheit«, vermerkte der katalanische Schriftsteller Pablo Tusset in seinem Roman »Das Beste, was einem Croissant passieren kann«. Aber auch das sollte man vermutlich nur im Notfall tun.

Phou Asa nennt sich das Zentrum des zweitausend Quadratkilometer großen Xe-Pian-Nationalparks, in dem sich die Kingfisher's Ecolodge befindet. Von diesem Berg hat man einen unvergleichlichen Rundumblick: Im Norden erhebt sich das Bolaven-Plateau, im Osten, an der Grenze zu Vietnam, erheben sich die Annamite-Berge. Auf dem Phou Asa selbst stehen mannshohe Steine, kreisförmig angeordnet. Manche sind zu Skulpturen zusammengestellt, andere erinnern an Ruinen oder verfallene Bauwerke. Niemand weiß, welchen Zweck die Steinansammlung einst erfüllt hatte; von einer militärischen Nutzung des Gebiets oder einer zentralen Kultstätte ist die Rede. Klar wurde meiner heutigen Reisebegleiterin, einer Lehrerin aus Irland, und mir hingegen, dass die Steinstätte auf eine rational nicht nachvollziehbare, dafür umso stärker spürbare Art eine diffuse Kraft ausströmt.

»Beeindruckend ist es hier oben, aber auch ein wenig beunruhigend«, brachte es die Irin auf den Punkt. Kurz zuvor hatte sie mir ihre Schwierigkeiten mit der laotischen Denk- und Arbeitsweise gebeichtet. Vor drei Tagen hatte sie in Kiet Ngong angefangen, die Dorfbewohner in Englisch und Geschichte zu unterrichten. Das Unterfangen gestalte sich schwierig, erklärte sie, ihre Schüler kämen und gingen, wann es ihnen passte. Am zweiten Tag ihres Aufenthaltes in Kiet Ngong hatte sie gefragt, was ihre Schützlinge machten. Ich bin Fischer, gab einer kund. Ich kümmere mich um zwei Kühe, sagte ein zweiter. Wie wäre es denn, fragte die Lehrerin findig, wenn ihr euch zusammenschließen würdet. Du – dabei zeigte sie auf den ersten – wärst am Montag für die Fische zuständig, und du – der zweite – am Dienstag, und du – ein dritter – kümmerst dich freitags um die Kühe. Jeder von euch arbeitet acht Stunden am Tag. Auf diese Weise könnt ihr eure Produktion strukturieren und einen Überschuss erwirtschaften, den ihr im nächsten Dorf verkaufen könnt. Für einen Moment kehrte Schweigen ein. Die drei Angesprochenen tauschten Blicke. Die Lehrerin lehnte sich, da sie ihren Stolz nicht ganz verbergen konnte, zufrieden zurück. Ein Lächeln trat auf ihre Lippen. Ein cleverer Vorschlag war das, ein Paradebeispiel westlicher Effizienz! Die Idee der Kooperative, in einem konkreten Fall aufgezeigt. Nach ein paar Minuten meldete sich schließlich ein Bauer aus der ersten Reihe der Zuhörer und wollte, in holprigem Englisch vorgetragen, wissen: »Aber was ist denn, wenn ich am Montag keine Lust habe zu arbeiten?«

Erst in jenem Moment habe sie gemerkt, auf was sie sich eingelassen hatte, als sie beschloss, drei Monate als Freiwillige in Laos zu unterrichten, gab meine irische Reisebegleiterin zu. Und dass man eine ökonomische Denkweise wie die unsere nicht einfach über ein laotisches Dorf stülpen kann. Wer hier Hunger hat, der geht hinaus in die Wetlands, fängt dort einen Fisch oder erntet etwas Reis. Wer keinen Hunger hat, hat auch keinen Anlass, das schattige Plätzchen zu verlassen, an dem er sich gerade ausruht. Warum in aller Welt soll man denn auf dem Feld schuften, wenn man stattdessen im Schatten seines Hauses liegen kann? Vorausplanung über Wochen oder gar Monate hinweg war hier ebenso fremd wie die Idee, Dinge anzuhäufen, die man nicht unmittelbar benötigte. Seit jenem Vorfall habe sie sich immer wieder bei dem Gedanken ertappt, dass die Laoten vielleicht besser leben als wir, erklärte mir meine Reisebekanntschaft, als wir den Phou Asa wieder hinabstiegen. Vielleicht, schloss sie, sei es ja am Ende sie selbst, die von ihren Schülern unterrichtet werde. Kurz darauf begab sie sich zur nächsten Unterrichtsstunde und übergab mich der Obhut von Sen, Sain oder Xien.

Der junge Mann mit der Baseballkappe, auf der in grüner Schrift »Charlotte Hornets« stand, lächelte mir zu und deutete auf das riesige Tier neben ihm. »Taxi, Sir!« Auf dem Rücken eines gutmütigen Elefanten schaukelten wir über die Hügel, die sich vor Kiet Ngong ausbreiten. Sen, Sain oder Xien hatte ihn zu zähmen begonnen, als beide noch Kinder gewesen waren.

Trotzdem wirkte es befremdlich auf mich, dass ein viereinhalbtausend Kilogramm schweres Tier reagiert, wenn es im Nacken vom Fuß eines Männchens angestupst wird. Als würde uns eine Maus auf den Hals krabbeln und versuchen, uns mit den Schnurrbarthaaren zu lenken.

Es fiel mir schwer, das erste Land meiner Reise zu verlassen. Nirgendwo sonst war ich mit derart offenen Armen empfangen worden wie in Laos. Andererseits wollte ich, einer Volksweisheit folgend, gehen, wenn es am schönsten ist. Zudem hatte ich erfahren, wie es hier weitergehen würde. Monat für Monat würden die Temperaturen von nun an steigen, bis sie im April ihren Höhepunkt erreichten, jenem Monat, den der *lonely planet* darum als *killer month* bezeichnet. Im Anschluss daran würde es ein halbes Jahr lang praktisch jeden Tag regnen.

Schafe im Wolfspelz

Kurz bevor ich Kambodscha erreichte, zog Laos jedoch eine weitere Überraschung aus dem Ärmel. In den ersten beiden Wochen meiner Reise war ich außer Erik und Norman keinem einzigen Gleichgesinnten begegnet. Umso erstaunter war ich, als ich nach einer Straßenkurve unvermittelt einen Radfahrer vor mir sah. Sein Drahtesel war derart vollgepackt mit Taschen, dass er beinahe meiner Rikscha Konkurrenz machte. Ich erreichte meinen Vordermann im selben Moment, als mein Tachometer die Eintausend-Kilometer-Marke anzeigte, und konnte mich, nachdem wir uns vorgestellt hatten, nicht zurückhalten, ihm dieses denkwürdige Ereignis mitzuteilen. Er habe bei fünfundzwanzigtausend aufgehört, die Tausendermarken zu zählen, entgegnete Stephan daraufhin lapidar. Vor knapp zwei Jahren hatte er Bern verlassen. Zunächst war er durch das Baltikum gefahren, anschließend südöstlich durch Polen, Ungarn und Rumänien, um schließlich durch die Türkei und den Iran hindurch nach China zu gelangen. Das habe er durchquert, dabei gleich noch den heiligen Berg Kailash umrundet, nun sei er auf dem Weg nach Australien und Neuseeland. In den kommenden drei Jahren wolle er den afrikanischen und den amerikanischen Kontinent durchfahren, erklärte er in einem Tonfall, als erzähle er von einem Wochenendspaziergang. In den zwei Jahren, die er bis jetzt unterwegs gewesen sei, habe er mehr gelernt als während seines gesamten Lebens davor. Er sei sein eigener Arzt geworden, sein eigener Motivationstrainer obendrein, zudem der Mechaniker seines Fahrrads, ein Geografie-Experte, sein eigener Finanzminister und ein fantasiereicher Koch in Personalunion.

Ich beschloss, zusammen mit Stephan zwei weitere Tage in Laos zu verbringen.

Kurz bevor der mächtigste Strom Südostasiens Laos verlässt, verästelt er sich in unzählige Nebenarme und schafft eine einzigartige Landschaft, die von den Laoten »Das Land der viertausend Inseln« genannt wird. Eine jener Inseln steuerten Stephan und ich an, um Kraft zu sammeln vor der Weiterfahrt. Hier traf ich zum ersten Mal seit meiner Abfahrt auf Schafe im Wolfspelz. So nenne ich die Rucksacktouristen aus gutem Hause, wenn sie sich wie die Exemplare auf Don Det verhalten. Ich hatte sie dort bereits erwartet. Zu romantisch waren die Bambushütten und baufälligen Bungalows, zu wohltuend uneuropäisch die Bananenstauden und braungelben Palmenbestände. Der Rucksacktourist aus gutem Hause trägt weite, schlabbernde Batikhosen, über denen ein tätowierter Oberkörper oder ein T-Shirt mit dem Gesicht Ché Guevaras folgen. Er bewegt sich betont lässig und spricht mit dem Unterton eines CIA-Agenten. Mit Vorliebe hört er Bob Marley. Mehrmals pro Stunde betont er, wie gern er Beer Lao trinkt. Er tut dies alles, um seine Individualität zu unterstreichen.

Die Sonne mogelte sich bereits durch die fingerbreiten Ritzen unserer Holzhütte und entwarf gezackte Muster auf dem Steinboden, als Stephan und ich erwachten. Das Land, in dem wir uns befanden, hatte auf uns abgefärbt, seinen Rhythmus auf uns übertragen – auch wenn wir täglich sieben bis zehn Stunden Fahrrad fuhren. Alle Griesgrämigkeit, jegliche Aufgeregtheit war von uns abgefallen wie die Häute der Schlangen, die wir alle paar Kilometer auf der Straße liegen sahen. Wir aßen, sobald wir Hunger hatten, dösten, wenn wir müde wurden und fühlten mit jedem Tag stärker, dass wir so lebten, wie wir leben mochten. Anders ausgedrückt, waren wir dabei, uns mehr und mehr in Übereinstimmung mit dem zu befinden, was in der buddhistischen Lehre *dharma* genannt wird – ein in seinen Bedeutungen schwer zu übersetzender Begriff, dem am ehesten das deutsche Wort Gesetz entspricht. Nicht jenes, das sich in Paragraphen manifestiert, sondern ein grundlegenderes, nicht von Menschen gemachtes, ein Naturgesetz wie die Gravitation. Zu ahnen, dass man im Einklang mit einem derartigen Gesetz lebt, sät eine Kraft in einem aus, deren Intensität einen taumeln lässt. Und das war, zusammengefasst, der Grund, warum sich die Sonne bereits durch die fingerbreiten Ritzen unserer Holzhütte mogelte und gezackte Muster auf dem Steinboden entwarf, als wir die Augen aufschlugen.

Unseren Erholungstag verbrachten wir mit einer Zwanzig-Kilometer-Wanderung, die uns durch kniehohe Bäche, wild wucherndes Gestrüpp und einander näher brachte. Wir hatten gemerkt, dass wir ähnliche Fragen an das Leben stellten, und dass wir uns, um unsere Antworten zu finden, vorwärts bewegen mussten.

Meine Hoffnung, Stephan nach seiner Weltreise in Europa wiederzusehen, sollte sich indessen nicht erfüllen. Nur wenige Monate, nachdem wir gemeinsam Don Det durchstreift hatten, erfasste ihn in Neuseeland ein Lastwagen. Er hatte es geschafft, per Fahrrad das Land zu erreichen, das er schon immer kennenlernen wollte. Seine Entschlossenheit, die großen Linien seines Lebens selbst zu ziehen, gepaart mit einer heiteren Gelassenheit gegenüber den Widrigkeiten des Alltags, und seine Selbstsi-

cherheit, der alles Überhebliche fehlte, werden immer beispiel-
haft für mich sein.

Die Hunde von Stung Treng

Kambodscha hatte ein Lineal aus Asphalt in eine topfebene
Landschaft gelegt. Ich ließ den Lenker meines SMIKE los und
folgte der Straße, die sich vor meinen Augen kerzengerade zum
Horizont streckte. Das Land geizte mit Ablenkungen; auf die
erste nennenswerte Kurve würde ich in zwei Stunden stoßen.
Wie fremdartig diese Asphaltschnur wirkte! Ihre makellose
Oberfläche passte nicht zu den wuchernden Feldern, die unmittelbar an ihren Rändern begannen und in Reichweite meiner
Blicke nicht endeten. Ihre Glattheit entwarf Kontraste zu den
schmutzigbraunen Fußsohlen der Tiere und Bauern, die auf ihr
entlangliefen. Zu mächtig war sie für die wendigen Mofas, die
mir alle halbe Stunde entgegenkamen. Ihre Fahrer, Kinder im
Vergleich zu mir, drosselten jedes Mal den Motor und starrten
mich ungläubig an. Einige drehten um, folgten mir minuten-
lang. Schließlich blieb einer von ihnen an mir kleben.

Sein Name war Soung. Oder Suonh. Vielleicht hieß er auch
Xun. Oder ganz anders. Ich kann nicht ausschließen, dass ich
seinen Namen in einer falschen Tonhöhe aussprach. Vielleicht
sprach ich ihn auch jedes Mal in einer ganz anderen Tonhöhe
aus, ohne es zu merken, und nannte ihn dadurch zuweilen Wie-
se, Haus oder Karpfen.

Soung kannte die englischen Worte *hello*, *love* und *friend*,
die er mehrmals pro Minute in wechselnder Konstellation wiederholte. Meine Kenntnis laotischer Worte war auf einem ähnli-
chen Niveau, Kambodschanisch konnte ich nicht. Ein reichhal-
tiges Gestenrepertoire musste unsere Verständnislücken füllen.
Auf diese Weise erfuhr ich, dass er Laote und auf dem Weg
nach Pakxé war. Die Strecke zwischen dem laotischen Pakxé
und dem kambodschanischen Stung Treng legte er viermal in

der Woche zurück. Das Mofa hatte er sich dank seiner Handelseinnahmen gekauft. Als ich fragte, womit er handele, zeigte er auf seinen Schuh, auf dem das Wort »Addidas« inklusive Rechtschreibfehler prangte und sagte dann: »Toshaba.« Schließlich nahm ich an, dass er mehr oder weniger alles verkaufte, was ihm in die Finger geriet, und dabei das jeweilige Preisgefälle zwischen den beiden Ländern zu seinen Gunsten nutzte. Dabei dürfte es sich in erster Linie um Kopien von Markenprodukten handeln. Toshaba-Fernseher und Addidas-Schuhe, die einen Bruchteil ihrer berühmten Pendants kosten, sind in ganz Asien verbreitet. Die asiatische Nachahmungsfreude macht auch vor literarischen Werken nicht halt. So gibt es in China statt der offiziellen sieben gleich fünfzehn Harry-Potter-Bände, darunter illustre Werke wie »Harry Potter und der kleine Drache« und »Harry Potter und der Schneeleopard«, deren Lektüre Joanne K. Rowling bestimmt interessieren würde. Vielleicht werden sie eines Tages in die Sprache ihrer vermeintlichen Verfasserin übersetzt.

Während Soung mir gestenreich beschrieb, wie er seinen Lebensunterhalt bestritt, dabei mit seinen Ärmchen in der Luft herumwirbelte und mich ohne Unterlass anlächelte, kam mir in den Sinn, dass sein Land eine Art Enkel von meinem sein konnte. Angesichts der hiesigen Kinderscharen, die mich immer wieder zu Wettrennen aufforderten, ähnelte Deutschland einem Opa, der viel durchgemacht hat. Er kann auf gute und leidvolle Erfahrungen zurückblicken, doch seine goldene Zeit liegt einige Jahrzehnte zurück. Laos ist der Enkel auf seinem Schoß: voller Tatendrang und Entdeckungsfreude, noch im Unklaren darüber, was aus ihm werden wird. Als ich von Soungs Strapazen erfuhr, die er mit einem Lächeln meisterte, schwante mir, dass es nicht zwangsläufig der Opa war, der seinen Sprössling auf den Ernst des Lebens vorbereiten musste. Vielmehr war es der Enkel, der seine große Zeit heraufdämmern sah.

Sagen würde Soung Derartiges niemals. Die Höflichkeit verbot es ihm, Dinge dieser Art auch nur anzudeuten. In dieser

Region vertraut man darauf, dass der Gesprächspartner selbst auf die Wahrheit kommt. »Du bist nicht vollständig angezogen, solange du kein Lächeln trägst«, sagt man beispielsweise in Thailand. Und die Burmesen fordern voneinander: »Wenn du einen Fremden siehst, der kein Lächeln trägt, gib ihm eins von deinen«.

Nach der dritten gemeinsamen Pause verabschiedete sich mein Reisebegleiter, lächelnd natürlich. Er müsse weiter; an diesem Abend würde er Waren in Pakxé einkaufen.

Die Sonne hatte ihren Zenit verlassen. Das Land begann aufzuatmen, als sie ihren Schwitzkasten löste. Die Schatten wurden länger, krochen über die Felder, an vereinsamten Bäumen empor, die gerade noch in Blickweite eines nächsten standen, als hielten sie Wache über das Land.

Eine angedeutete Brise spielte mit dem Straßenstaub, als sich der Kontrahent aus einem Hauseingang schälte. Farang, zuckte es durch seine Gedanken, Langnase. Keine zehn Meter von ihm entfernt quälte sich ein hellhäutiges Wesen die Straße entlang. Es trug eine dunkelblaue Baseballkappe, auf der »LAOS« stand, und die ihm vermutlich mit einem Gästezuschlag von dreißig Prozent angedreht worden war. Sein Gesicht war rötlich gefärbt von der Anstrengung und der Sonne. Unterwegs war es auf drei Rädern. Einen kleinen Rucksack hatte es auf den Gepäckträger geschnallt; ein weitaus größerer lag im Beiwagen. Als es den Kontrahenten erblickte, drehte es den Kopf in seine Richtung und rief: »Sabaii dii!« Das verlangte nach einer Erwiderung, die sich gewaschen hatte. Die Langnase hatte es ja so gewollt!

»Sabaii dii, sabaii dii, sabaii dii«, schrie der Kontrahent mit einer Stimme nahe am Ultraschallbereich, während er auf sein Fahrrad zurannte. Dabei winkte er ohne Unterlass mit den kaffeebraunen Ärmchen. Mit einem hellen Schrei sprang er auf sein Gefährt. Es gelang ihm ein Bilderbuch-Kickstart, der ihn neben den Gast aus Übersee brachte.

In diesem Moment blickten sich die beiden in die Augen. Es konnte nur einen geben.

In der kaffeebraunen Ecke, mit einem Gewicht von vierzig Kilogramm, aufgewachsen am Rand der kambodschanischen Nationalstraße, hundertfach auf die Probe gestellt durch Freunde und Feinde, unter sich ein zehn Kilogramm schweres Gefährt der Marke Eigenbau: der Herausforderer Wang (oder Wong, vielleicht auch Voun)!

In der Langnasenecke, mit einem Gewicht, das an dieser Stelle nicht verraten wird, gestartet im eintausend Kilometer entfernten Vientiane auf einem sechzig Kilogramm schweren Gefährt der Marke SMIKE: der Titelverteidiger Farang (in Kambodscha wie in Laos Falang ausgesprochen)!

Wangs Gefährt schob sich dicht an meinem vorbei. Offensichtlich war sein Fahrer entschlossen, das Rennen bereits in den Anfangsminuten für sich zu entscheiden. Zu Beginn hatte er mit seiner wendigen Eigenkonstruktion alle Vorteile auf seiner Seite. Na und, tröstete ich mich einen Augenblick lang, dafür war ich immerhin in der Lage ein »R« auszusprechen! Außerdem wollten wir ja mal sehen, wer von uns den längeren Atem hatte.

Ich ließ die Schaltung in den schwersten Gang schnappen und schob die Pedale mit aller Kraft nach unten weg. Das SMIKE gewann an Fahrt, der Abstand zu Wang verringerte sich. Als wir auf gleicher Höhe waren, richtete er sich auf und schrie mir wiederum sein spitzes »Sabaii dii, sabaii dii« entgegen. Da sein Gefährt nur einen einzigen Gang besaß, beschrieben seine Beine in rasender Geschwindigkeit kleine Kreise, die mein Auge zu einer fließenden Bewegung zusammenfasste.

Dreimal überholten wir uns gegenseitig. Dreimal grinsten wir uns dabei an, überspielten unsere Anstrengung durch lässige Gesten. Nach einer Viertelstunde bog Wang in einen Feldweg ab, überließ mich von Neuem der schnurgeraden Straße und meinen Gedanken.

Während des gesamten Nachmittags kam mir ein einziges Auto entgegen, ein Lastwagen, auf dessen Ladefläche Mädchen mit Blumen im Haar saßen. Sie sprangen auf, als sich unsere Wege kreuzten, gestikulierten in meine Richtung, riefen wild durcheinander. Noch nach einem Kilometer starrten sie mir hinterher.

Touristen würden mir hingegen erst ab der kambodschanischen Hauptstadt begegnen. Dann jedoch sollte ich immer mehr und mehr von ihnen antreffen. Zwei Millionen Besucher hatten im vergangenen Jahr die Angkor-Tempelanlagen besichtigt. Mit ihren Markenkleidern, ihren Coca-Cola-Dosen, ihren Popsongs verstärken sie den Wunsch der Kambodschaner nach Reichtum und Teilhabe an der westlichen Lebensart. Die Hotel- und Mietpreise in Siem Reap, Ausgangspunkt für einen Tempelbesuch, waren in Höhen geklettert, in die kaum ein Kambodschaner je gelangen konnte. Ein Kurzbesuch in Angkor kostete ein kambodschanisches Monatsgehalt. In der Gegend um die Angkor-Tempel, historisch gesehen dem Herzstück Kambodschas, drohen Kambodschaner zu Fremden zu werden, die mit den Eis-und-Cappuccino-Gelüsten der Angereisten ebenso wenig anfangen können wie mit den Traumwohnungen, den klimatisierten Autos und der ironischen bis abgebrühten Lebensart vieler Besucher.

Welch ein Unterschied zur Situation in Kambodschas Norden! Links und rechts der Straße sah ich nur brennende Felder. Hektarweise standen sie in Flammen; Dutzende Meter hing Rauch über ihnen. Ein Hotelbesitzer würde mir später erklären, dass die Brände neue fruchtbare Böden entstehen ließen und man damit gleichzeitig die Moskitos bekämpfe. Das von ihnen übertragene Denguefieber hatte im vergangenen Jahr epidemische Ausmaße angenommen.

Sieben Liter Wasser trank ich mittlerweile pro Tag; dennoch hatte ich pausenlos Durst. Mit jedem Tag, den ich unterwegs war, würde die Temperatur weiter steigen. In Gedanken malte ich mir meine nächste Reise aus, eine Schlittenhundwanderung durch Grönland beispielsweise oder eine Gletscherbesteigung auf Spitzbergen. Doch auch dies half nur begrenzt.

Als der untere Rand der Sonne die Horizontlinie berührte, fuhr ich in Stung Treng ein, der einzigen nennenswerten Ansammlung von Häusern im Umkreis von einhundert Kilometern. Stung Treng erinnert an die verlassenen Dörfer, durch die Cowboys auf der Suche nach ihren Widersachern reiten. Eine Stadt, in der einen zunächst ein Rudel Hunde begrüßt. Ein Ort, an dem die Fenster im Erdgeschoss mit Eisenstangen gesichert sind. Stockdunkel sind die Lehmgassen, die sich an den Häusern vorbeiziehen – nur an manchen Stellen beleuchtet von einem Fenster, das den Schein einer Kerze schräg nach unten wirft. Elektrisches Licht gibt es fast nirgendwo.

Im Halbdunkel rempelten mich Unbekannte an, die daraufhin Unverständliches murmelten und in der Nacht verschwanden. Eine Stunde schwamm ich im Sog dieser Stadt, ließ mich auf ihr Chaos ein, ging auf in ihrer Wildweststimmung, die auch dann noch andauerte, als ich im Bett eines Billighotels lag. Bis fünf Uhr früh heulten die Hunde Stung Trengs in der Stadt, anschließend übernahmen die Hähne. Zweimal prallte etwas Großes mit voller Wucht gegen die Eisenstangen vor meinem Fenster und sprang, als ich auffuhr, in die Nacht davon. Bei Sonnenaufgang warf ich einen Blick auf den Zettel, der neben der Eingangstür angebracht war. »Please don't use bomb inside the room«, stand darauf geschrieben, die höfliche Aufforderung, seine Bombe doch bitte nicht innerhalb des Zimmers zu zünden.

Passend dazu spürte ich auf den heutigen einhundertfünfzig Kilometern von Stung Treng nach Kratie zum ersten und einzigen Mal während der gesamten Reise eine Bedrohung. Seit drei Stunden war ich auf der einzigen Straße weit und breit unterwegs. Meine Beine schoben mich kraftvoll voran. Die Räder meines SMIKE fraßen die Straße in sich hinein. Triumphierend blickte ich zur Seite, wo Bäume, Büsche, Straßenmarkierungen an mir vorbeiflogen, als mich ein Summen aus meinem Höhenflug riss. Im ersten Moment dachte ich an eine Biene oder Hornisse. Als ich mich kurz daraufhin umblickte, hoben sich hinter mir die Umrisse eines Mopeds vom Asphaltgrau der Straße ab. Außer uns beiden war weit und breit kein weiteres Fahrzeug unterwegs.

Das Motorengeräusch wurde rasch lauter. Ich erkannte zwei junge Männer. Als sie etwa zehn Meter hinter mir waren, drehte ich mich um und lächelte ihnen zu. Die Mienen der beiden blieben versteinert. Der Vordere trug das weißrot karierte Kopftuch der Roten Khmer. Der Hintere hatte seine schwarze Baseballmütze tief über die Augen gezogen. In seiner rechten Hand hielt er ein machetenartiges Messer.

Was wäre wenn ... fuhr es mir durch den Kopf.

Was wäre, wenn die beiden wussten, dass ich mehr Dollarnoten bei mir trug als sie in einem Jahr verdienten? Wenn sie in mir den privilegierten Weißen aus Europa erkannten, der ich war? Wogen sie in Gedanken vielleicht bereits die Chancen und Risiken eines Überfalls ab? »Im Norden ereignen sich nur noch ab und zu Überfälle«, hatte ich noch am selben Morgen in meinem Reiseführer gelesen. Ich beschloss, die Probe aufs Exempel zu machen. Wollten mir die beiden wirklich an die Gurgel, so wollte ich das zumindest sofort erfahren.

Ich bremste mein SMIKE vollständig ab, sprang herunter und zog eine Wasserflasche aus meinem Rucksack. Im Schritttempo näherte sich das Moped. Vier dunkelbraune Augen blickten mich an. Ich nickte ihnen zu und setzte den Ansatz eines Lächelns auf, gleichzeitig blickte ich ihnen fest in die Augen. Ihrem Blick hielt ich stand, als sie wie in Zeitlupe an mir vorbeifuhren – und auch dann noch, als der zweite von ihnen mich nach zwanzig Metern musterte, das Messer im ausgestreckten Arm. Erst als er sich wieder nach vorn wandte und das Moped an Fahrt gewann, seufzte ich tief auf. Mein Herz begann wild zu pochen, und zu meinen Schweißtropfen gesellten sich einige weitere, die nichts mit der schwülen Hitze zu tun hatten. Ich wartete, bis sich das Motorengeräusch vollständig verlor, dann nahm ich meine Fahrt wieder auf.

Etwa neunzig Kilometer lagen laut meinem Reiseführer zwischen den beiden Städten Kratie und Kampong Cham. Daran glaubte ich auch, als ich am nächsten Morgen um sieben Uhr losfuhr. Ich war zuversichtlich, um die Mittagszeit herum in Kampong Cham anzukommen, Hauptstadt des Chamvolkes, der größten islamischen Minderheit in Kambodscha. Nach und nach wurden die verspielten buddhistischen Tempel von erhabenen Moscheen abgelöst. Um die Mittagszeit hörte ich erstmalig den Ruf eines Muezzins.

Die Versorgungslage war katastrophal. Straßenstände waren rar geworden. Mein Keksvorrat war zur Neige gegangen. Mit fünf Litern Wasser war ich heute früh aufgebrochen, zu wenig für einen Tag Radfahren bei dreißig Grad im Schatten und neunzig Prozent Luftfeuchtigkeit. Die Straße unter mir verdiente diesen Namen nicht. Es handelte sich vielmehr um eine Ansammlung von Schlaglöchern, die durch Staub, Dreck, Sand und fußballgroße Steine voneinander getrennt waren. Ständig musste ich Hindernissen ausweichen, rutschten die drei Räder meines SMIKE unter mir weg. Um fünfzehn Uhr nahm ich an einem Straßenstand, der aus einem Holzbrett und einem Sonnenschirm bestand, eine Nudelsuppe zu mir. Es sollte die einzige Mahlzeit des heutigen Tages bleiben. Zu jener Zeit dachte ich noch, unmittelbar vor meinem heutigen Etappenziel zu sein. Zwei Stunden später war ich mir diesbezüglich nicht mehr ganz so sicher. Der Weg führte mitten durch Felder, aus denen Totenkopfschilder ragten. »Danger, MINES!« stand darunter geschrieben. Um neunzehn Uhr abends spürte ich, wie meine Kräfte nachließen. Seit zwölf Stunden kämpfte ich mich durch Staub, Dreck und Hitze voran. Von einer Stadt war weit und breit nichts zu sehen. Gegen halb neun, als die Schatten bereits länger wurden, kam mir ein Bauer entgegen.

»Kampong Cham?« fragte ich ihn und deutete auf den Weg vor mir.

»Yes, Sir«, antwortete er freundlich, »thirty kilometres ahead!«

Noch dreißig Kilometer! Auch nach dreimaligem Nachfragen fiel ihm keine andere Antwort ein. Meine Kraftreserven tendierten inzwischen gegen Null. Seit ich mit einem heimtückisch platzierten Stein kollidiert war und einen Purzelbaum abwärts gemacht hatte, zuckte bei jeder Umdrehung der Pedale ein Schmerz durch mein linkes Knie. Mein Magen verlangte seit Stunden nach Verwertbarem. In der bevorstehenden Dämmerung würden die Mücken, die den Malariavirus in sich tragen konnten, aktiv werden. Einen Moment lang dachte ich daran, mein Zelt einfach hier am Straßenrand aufzuschlagen. Dann jedoch entschied ich mich dagegen. Zu groß waren die Unwägbarkeiten am Straßenrand, fernab der Zivilisation. Das Erlebnis mit den beiden Mopedfahrern wirkte noch immer in mir nach.

Ich biss die Zähne zusammen, trat mit Nachdruck in die Pedale. Auf den ersten der fünf kommenden Kilometer rebellierte mein Körper heftig gegen mein Vorhaben. Dann jedoch trat ein Effekt ein, den ich bereits auf mehreren Reisen erlebt hatte. Mit der Zeit ließen die Schmerzen nach und machten einem Hochgefühl Platz. Völlig absurd scheint dieser Wechsel zu sein, und dennoch hatte ich ihn erlebt, mehrmals auf meinem Fußweg vom Bodensee nach Nordspanien, zweieinhalbtausend Kilometer quer durch Europa, und später erneut, auf meiner Kajaktour die Donau entlang zum Schwarzen Meer, kurz nachdem ich mich im Sturm vor Überanstrengung übergeben hatte. Immer hatte mir dieser Wechsel von körperlichem Schmerz zu jenem nicht nachvollziehbaren Hochgefühl im entscheidenden Moment aus der Patsche geholfen und mich jedes Mal sicher ans Ziel gebracht. Vielleicht sind wir Menschen besser konstruiert worden, als wir es selbst wahrnehmen.

Eine halbe Stunde vor Mitternacht fuhr ich in Kampong Cham ein. Plötzlich befand ich mich im prallen Leben. Zurechtgemachte Teenager streiften durch die Straßen. In ihren Blicken trugen sie die Ungeduld der Jugend spazieren. Schaufenster warfen neonbeleuchtete Angebote nach Kunden aus. Junge Damen machten mit dem »klack, klack« ihrer hochhackigen Stiefel auf ihre Reize aufmerksam. Verkäufer schrien sich die Werte ihrer Waren zu.

Staunend blickte ich auf das Tohuwabohu um mich herum, das Kampong Cham genannt wird. In den vergangenen zwei Tagen war ich bis auf wenige Ausnahmen allein mit meinen Gedanken unterwegs gewesen. Nun erlebte ich einen Kontrast, dessen Intensität mich taumeln ließ. Es kam mir vor, als habe die Stadt alles Leben aus der Umgebung gesaugt und hier versammelt.

Erst als ich ein abgebrochenes Schild mit der Aufschrift »Hotel« sah, erinnerte ich mich daran, wie ich die vergangenen siebzehn Stunden verbracht hatte. Ich achtete nicht darauf, welchen Preis mir der Besitzer nannte, nahm das erstbeste Zimmer und hatte gerade noch Zeit, meinen Schlafsack auszubreiten. Dreihundert Kilometer hatte ich in den vergangenen zwei Tagen zurückgelegt, dachte ich noch zufrieden, bevor mich eine unbarmherzige Müdigkeit niederstreckte.

Von Phnom Penh nach Bangkok

Das zweite Kapitel, in dem von besonderen Massagen berichtet wird, von Schweige- und Redespiralen, einem Nationalgericht namens »Amok« und davon, wie drei Blinde einen Elefanten beschreiben

»Wir töteten sie wie Hühner«

Das Tremolo des Muezzins und die ungewohnte Begegnung mit einer handtellergroßen Spinne, die über meinen Schlafsack krabbelte, warfen mich am nächsten Morgen aus dem Schlaf. Als ich das SMIKE startklar gemacht und die ersten Meter meiner heutigen Etappe hinter mich gebracht hatte, wurde mir klar, dass die freundliche Gelassenheit von Laos und die wohltuende Einsamkeit von Kambodschas untouristischem Norden unwiderruflich hinter mir lagen. Knapp fünfzehn Millionen Menschen leben in Kambodscha, und heute kam es mir vor, als hätten sie sich alle auf den Weg in die Hauptstadt gemacht. Eine Armada von Mopedfahrern knatterte um mich herum. Sie verhielt sich wie ein Wespenschwarm; geschickt nutzten ihre Mitglieder die wenigen Lücken aus, die sich vor mir auftaten. Am Straßenrand schepperten Fahrradriskschas über Schlaglöcher, zogen Verkäufer Garküchen an verbogenen Holzstäben hinter sich her. Immer wieder spritzte die Formation auseinander, wenn sich ein uralter Laster sprotzend seinen Weg durch den Tumult bahnte. Meine Rikschafahrt durch Phnom Penh, das wurde mir schnell klar, gehörte zu den großen Herausforderungen, die sich mir im Laufe meines Lebens in den Weg stellten.

Bis heute sieht man Phnom Penh an, dass es vor wenigen Jahrzehnten auf Anordnung der Roten Khmer evakuiert und weitgehend zerstört worden ist. Schutthaufen liegen in Hinterhöfen, moderne Hotelanlagen stehen direkt neben Hausruinen.

Für die Roten Khmer bedeutete urbaner Lebensstil die Abkehr vom Ideal des einfachen, bäuerlichen Menschen, der produzierte, was er benötigte, und der benötigte, was er produzierte. In der Stadt hingegen verdingten sich Kambodschaner bei reicheren, um sich eines Tages dieselbe Hose, denselben Kassettenrekorder leisten zu können, den ihr Nachbar, ihr Freund, ihr Verwandter besaß. Als sich die Roten Khmer 1975 an die Macht putschten, setzten sie vor diesem Hintergrund eine in ihrer Radikalität einzigartige Maßnahme um: die vollständige Evakuierung der Landeshauptstadt.

Binnen Tagen wurden über zwei Millionen Menschen auf die Reisfelder verfrachtet. Phnom Penh verwandelte sich in eine Geisterstadt. Auf dieselbe Weise wurden sämtliche Provinzhauptstädte entvölkert. Wer die Strapazen der Reise überlebte, wurde in schwarze Einheitskleidung gesteckt und musste bis zu vierzehn Stunden täglich auf den Feldern arbeiten. So meinten die Roten Khmer, ihr Ideal eines Kambodschas durchsetzen zu können, dessen Einwohner vollkommen gleich waren und das unabhängig von anderen Staaten existieren konnte. Die Mittel zur Erreichung dieser Ziele waren radikaler, als sie es jemals zuvor und danach in irgendeinem Land dieser Erde gewesen sind. In Kambodscha wurde das Geld abgeschafft. Bücher und Musikträger wurden verbrannt. Religionsausübung wurde verboten. Industrie und Dienstleistungen existierten nicht mehr. Alle familiären Bindungen wurden aufgehoben. Das Land wurde vollständig vom Weltmarkt abgekoppelt. Binnen Tagen hatte es sich in ein nationales Arbeitslager verwandelt.

Die Regierung rekrutierte Menschen ab fünf Jahren. Sie entriss sie ihren Familien und erzog sie in ihrem Sinne, denn »der Lehm kann geknetet werden, solange er weich ist«. Das schrieb Khieu Samphan, einer der Chefideologen der Partei.

Der Hauptverantwortliche für diesen Irrsinn blieb lange Zeit unbekannt. Seinen Namen, Saloth Sar, kannten zu jenem Zeitpunkt wenige. Als er 1976 das Amt des Ministerpräsidenten übernahm, änderte er ihn in Pol Pot. Doch erst Ende 1977, knapp drei Jahre nach der Machtübernahme durch die Roten Khmer, gab er bei einem Staatsbesuch in Peking bekannt, dass er der Generalsekretär der kommunistischen Partei Kambodschas sei. Während Pol Pot die großen strategischen Linien vorgab, baute Nuon Chea, Bruder Nummer zwei, den Sicherheitsapparat der Roten Khmer auf. Alle im Führungskader teilten denselben irrationalen Verfolgungswahn, den Ieng Sary, Bruder Nummer drei, in seinem Tagebuch wie folgt zusammengefasst hatte: »Die Feinde sind in unserem Körper, im Militär, unter den Arbeitern, in den Genossenschaften und selbst in unseren Reihen. Um die sozialistische Revolution zu verankern und zu stärken, müssen wir diese Feinde kontinuierlich ausrotten.«

Wer erkennen ließ, dass er eine Fremdsprache beherrschte, wurde ermordet. Wer sich zuvor als Künstler, Lehrer, Unternehmer oder Priester betätigt hatte, wurde ermordet. Wer auf andere Weise in den Verdacht geriet, intellektuell zu sein, wurde ermordet. Wer sein Tagessoll nicht erfüllte oder aus Hunger ein Vieh schlachtete, wurde wegen Sabotage verhaftet. Es gab keinen Privatbesitz. Was existierte, gehörte allen, wie es die Regierung ausdrückte. In Wahrheit gehörte es der Regierung. Banken und Schulen wurden geschlossen, Kirchen und Tempel in Schweineställe verwandelt. Einen dermaßen allumfassenden Umbau der Gesellschaft konnte man nur unter Zwang durchsetzen. Auch das Ausmaß des Terrors war darum radikaler als bei anderen kommunistischen Fehlversuchen. Ein Viertel der Bevölkerung überlebte die vierjährige Herrschaft der Roten Khmer nicht. Historiker sprechen vom kambodschanischen Autogenozid.

Wer heute durch Kambodscha fährt, wer die fruchtbaren Ebenen sieht und die Freundlichkeit der Menschen erlebt, stellt sich zwangsläufig die Frage, wie ein Land, das so umfassend auf Harmonie ausgelegt ist, wie ein Volk, das Ausgewogenheit und Balance in allen Lebenslagen zur Maxime erklärt hat, derart grundlegend aus den Fugen geraten konnte.

In den siebziger Jahren des vergangenen Jahrhunderts postulierte Elisabeth Noelle-Neumann die Existenz einer Schweigespirale, derzufolge eine individuelle Meinungsäußerung von der wahrgenommenen Mehrheitsmeinung abhängen kann. Aus Furcht vor Isolation äußert ein Individuum seine Meinung demnach seltener, wenn es die Meinung der Mehrheit gegen sich weiß. Anders ausgedrückt: Der durch eine quasi-statistische Wahrnehmung der öffentlichen Meinung erzeugte Konformi-

tätsdruck sorgt für die Unterdrückung anderslautender Äuße-
rungen. Voraussetzung für die Existenz einer Schweigespirale
ist nach Noelle-Neumann, dass es sich um ein moralisch aufge-
ladenes oder emotional besetztes Thema handelt. Auch wenn es
Noelle-Neumann versäumte, ihre Theorie empirisch zu fundie-
ren, war jene aufgrund ihrer Plausibilität prägend für mehrere
Bereiche der Soziologie, beispielsweise für die Demokratiethe-
orie.

Wenn es aber eine Schweigespirale gibt, so dachte ich, als
ich durch die kambodschanische Hauptstadt lief, wenn es eine
Schweigespirale gibt, dann gibt es vielleicht auch so etwas wie
eine Redespirale. Die Beobachtung, dass Individuen Meinungen
äußern, weil sie annehmen, dass diese sozial erwünscht sind,
obwohl sie sie eventuell gar nicht so meinen, macht schließlich
jeder von uns im täglichen Leben.

Wie mag es wohl zugegangen sein im kommunistischen
Zentralkomitee, in einem durchhierarchisierten System, vor
dem Hintergrund einer akuten Bedrohung, weil ständig neue
Feinde definiert und ausgeschaltet wurden? Wie werden unter
solchen Bedingungen Entscheidungen getroffen? Vermutlich
doch so: Niemand konnte interessiert daran gewesen sein, sich
durch mangelnde Härte als Verräter abstempeln zu lassen. Härte
galt als Indiz dafür, dass man die als richtig erkannte Ideologie
leidenschaftlich verfolgte. Hinzu kam, dass sich das Kambodscha der Roten Khmer von Beginn an im Krieg mit dem Vietcong befand. Auch das ist ein in der Soziologie ausführlich be-
schriebenes Phänomen: dass eine Gruppierung dazu neigt, eine
ihr ähnliche Gruppierung intensiver zu bekämpfen als ihren
Gegner. Schließlich gilt es, die Deutungshoheit zu besitzen und
zu behalten. Es geht darum, zu zeigen, dass der eigene Weg der
richtige ist. Jemand, der bis auf Nuancen dasselbe erreichen
möchte, muss bekämpft werden. Er ist der Konkurrent, der einen im Falle seines Erfolgs marginalisieren kann. Das Verhalten linksorientierter Gruppierungen liefert weltweit mühelos
Beispiele für diesen Befund.

Obwohl – vielleicht auch weil – die ideologischen Unterschiede nicht besonders groß waren, bezichtigten sich vietnamesische und kambodschanische Kommunisten von Beginn an gegenseitig des Verrats am kommunistischen Ideal. Beide Seiten steigerten sich hernach in paranoide Bedrohungsfantasien. Von der Warte eines unbeteiligten Beobachters muss der Krieg zwischen Kambodscha und Vietnam sinnlos erscheinen. Das Problem war jedoch, dass die damaligen Zuschauer keineswegs unbeteiligt gewesen waren. Die Sowjetunion hatte Vietnam frühzeitig die Rolle der dominierenden – und ihr ergebenen – Ordnungsmacht in Südostasien zugeteilt. Die Chinesen bangten um ihren Einfluss und förderten die Feinde Vietnams nach Kräften. Als weiterer Katalysator für den Krieg diente die Tatsache, dass beide Völker damals wie heute eine völlig andere Altersstruktur aufweisen als beispielsweise Deutschland. Drei Viertel der kambodschanischen und der vietnamesischen Bevölkerung sind Kinder und Jugendliche, heißblütig, ungefestigt, leicht fanatisierbar. Es waren blutjunge Heißsporne, denen man tödliche Waffen in die Hand gegeben und eine Ideologie in den Kopf gesetzt hatte, die Gräueltaten gegenüber anderen Kindern und Jugendlichen begangen haben.

Vermutlich hat auch Angkor eine Rolle gespielt. So nannte sich das gigantische Imperium zwischen dem neunten und dem dreizehnten Jahrhundert, dessen Zentrum im heutigen Kambodscha lag. Dieses Städtenetzwerk war zehnmal größer als alles, was bislang aus der antiken Welt gefunden worden ist. Eine allzu ruhmreiche Vergangenheit kann sich leicht als Fluch für die Gegenwart erweisen. In Kambodscha bezogen sich sämtliche Herrscher auf die Größe Ang-kors. Daraus leiteten sie ihren Herrschaftsanspruch und die Legitimation eines autokratischen Führungsstils ab. Verglich man sie jedoch mit dieser einstigen Größe, konnte dies nicht zu ihren Gunsten ausfallen. Ständig musste der Unterschied zwischen Anspruch und Realität überdeckt werden. Repressive Maßnahmen stellten hierfür ein probates Mittel dar. Das Wort für regieren bedeutet im Kambodschanischen bis heute auch beherrschen. Nach wie vor gibt es in diesem Land weder ein Wort für Gesellschaft noch für Konsens.

Die Kriegsruinen von Phnom Penh mochten dafür gesorgt haben, dass ich meine grüblerische Stimmung nicht loswurde. Doch seit meiner Ankunft in Südostasien drängte sich mir die Frage auf, ob die buddhistische Gelassenheit der Einwohner derartige politische Fehlentwicklungen nicht auch ein Stück weit begünstigte. In keinem Land, durch das ich fuhr, würden demokratische Spielregeln eingehalten werden.

Als wolle es diese Gedanken unterstreichen, erhob sich unvermittelt ein langgezogenes Gebäude vor mir. Auch wenn kein Schild es auswies, wusste ich im selben Augenblick, dass es das gesuchte sein musste. Seine baufälligen Mauern strömten etwas Kaltes, Abweisendes aus, und auf dem davorliegenden Innenhof herrschte eine dermaßen unnatürliche Ruhe, dass ich am liebsten wieder kehrtgemacht hätte.

Von den knapp zwanzigtausend Inhaftierten in Tuol Sleng, dem zentralen Foltergefängnis der Roten Khmer, haben sieben überlebt. Wie in ganz Kambodscha wurden auch in Tuol Sleng keine ausgefeilten Foltertechniken eingesetzt. Die Werkzeuge waren Eisenketten und Wasserbecken, Holzprügel und Mistgabeln. Die Täter waren in der Regel einfache Bauern.

Die ersten Insassen waren Beamte des alten Regimes, dann kamen jene Khmer hinzu, die einst auf der Seite Vietnams gegen Frankreich und die USA gekämpft hatten. Vor allem aber entsorgten die Roten Khmer in Tuol Sleng die als Verräter Gebrandmarkten aus den eigenen Reihen. Als So Phim, Nummer vier in der Parteihierarchie, 1978 von Pol Pot für die Spannungen an der Ostgrenze verantwortlich gemacht wurde, nahm er sich aus Angst vor Tuol Sleng das Leben. In jenem Jahr waren zwei Drittel der Insassen Angehörige der eigenen Partei. Nach dem Selbstmord wurden sämtliche Familienangehörige von So Phim umgebracht, ebenso siebenhundert Personen, die das Pech hatten, aus demselben Dorf wie So Phim zu stammen. Die Paranoia und der Irrsinn des Pol-Pot-Regimes kannten keine Grenzen. Unter diesen Bedingungen war es keine allzu überraschende Wendung, dass auch die Nummer eins der Roten Khmer den eigens angeordneten Säuberungen zum Opfer fiel. Generalstabschef Ta Mok, bekannt als Schlächter von Kambodscha, kam der eigenen Verfolgung zuvor. Er ließ Pol Pot in einem Schauprozess verurteilen und trieb ihn anschließend durch ein Auslieferungsangebot an die USA in den Selbstmord. Kurz vor seinem Tod gab Pol Pot bekannt, dass er von einem zentralen Foltergefängnis nichts wisse: »Mein Gewissen ist rein. Alles, was ich getan und geleistet habe, war in erster Linie für meine Nation, für das Volk und die Rasse Kambodschas.«

»Wir töteten sie wie Hühner«, hielt stattdessen Duch, der Gefängnisleiter von Tuol Sleng, in einem Interview mit dem Journalisten Nate Thayer 1999 fest. Dies war keine metaphorische Prahlerei, sondern wörtlich zu nehmen. Es bedeutete, dass Gefangenen Hände und Füße auf dem Rücken zusammengebunden wurden. Anschließend schnitt man ihnen die Kehle durch und ließ sie ausbluten. Pedantisch hielt Duch die von ihm festgesetzten Grade an Folterungen fest. Unter anderem ließ er zwei seiner leiblichen Brüder in Tuol Sleng hinrichten.

Eine endlos erscheinende Kaskade von Gesichtern glitt an mir vorbei, als ich durch die engen Räume des Tuol-Sleng-Gefängnisses schritt. Die ehemaligen Häftlinge – Kinder, Frauen, Männer – blicken Besucher von Schwarz-Weiß-Fotografien aus an, alle kurz vor oder nach ihrem gewaltsamen Tod aufgenommen. Mit zynischer Präzision sind die Daten ihres Ablebens darunter vermerkt.

Alle Verantwortlichen von Tuol Sleng sind inzwischen namentlich bekannt. Die Aufarbeitung der vierjährigen Schreckensherrschaft der Roten Khmer verläuft jedoch schleppend. Erst im Jahr 2001, über zwanzig Jahre nach dem Ende des Terrorregimes, begann man mit der Verfolgung und Verurteilung der Schuldigen. Nach wie vor leben in Kambodscha nicht selten Täter und Opfer in unmittelbarer Nachbarschaft. Die Geschichte gründlich aufzuarbeiten und die Schuldigen zu bestrafen ist zur Voraussetzung der Entwicklung des Landes geworden, weil die psychologischen Spätfolgen viele Einwohner bis heute lähmen.

Kaum zu überblicken ist die Anzahl der Bücher, die zu erklären versuchen, wie Kambodscha binnen Tagen zu einem Land werden konnte, in dem nur noch Faustregeln galten. Einig sind sich die meisten Historiker darin, dass die Roten Khmer, ursprünglich eine bedeutungslose Splittergruppe, entscheidend an Zulauf gewonnen hatten, als die USA im Verlauf des Vietnamkrieges kambodschanische Gebiete bombardierten, in denen sie Untergrundkämpfer des Vietcong vermuteten. 1973, nur Monate bevor die USA Vietnam endgültig verloren gaben, ordnete Richard Nixon die Zerstörung Kambodschas durch Bomben an, deren Sprengkraft fünf Hiroshima-Atombomben entsprach. Der Krieg eines der reichsten Länder der Welt gegen eines der ärmsten war insbesondere darum grotesk, weil sich Kambodscha selbst militärisch gegen Vietnam engagierte. Er radikalisierte die Kambodschaner in Massen und brachte viele dazu, sich den Roten Khmer mit ihrer nationalistischen Befreiungsideologie anzuschließen.

Eines der eindrucksvollsten Zeugnisse der Zeit unter den Roten Khmer hat der weitgehend unbekannte Kambodschaner Daran Kravanh abgelegt. Während Bestseller wie Tiziano Terzanis »Fliegen ohne Flügel. Eine Reise zu Asiens Mysterien« oder Loung Ungs »Der weite Weg der Hoffnung« mit Paukenschlägen daherkommen, zeigt Daran Kravanh in seinem Buch »Durch die Stille der Nacht. Mein Überleben mit der Macht der Musik im Kambodscha der Roten Khmer« die Wirksamkeit asiatischer Werte auf und beweist, dass Bescheidenheit und Hartnäckigkeit länger und stärker wirken als Effekthascherei. Kravanhs Werk, in ebenso behutsamer wie rhythmischer Sprache geschrieben, erinnert daran, dass Asiaten, wenn sie etwas besonders Wichtiges zu sagen haben, nicht etwa die Stimme heben, sondern, im Gegenteil, anfangen zu flüstern. Liest man »Durch die Stille der Nacht«, stellt man erstaunt fest, dass es von vorn bis hinten geflüstert ist. Während Loung Ung uns davon überzeugen möchte, wie schlimm es ihr ergangen ist und uns Tiziano Terzani Asien erklären will, erzählt uns Daran Kravanh einfach seine Geschichte.

Am 25. Dezember 1978 marschierten einhunderttausend vietnamesische Soldaten in Kambodscha ein. Bereits im Januar 1979 fielen die wichtigsten kambodschanischen Städte Phnom Penh, Sihanoukville, Kratie und Kampong Cham. Pol Pots Rote Khmer zogen sich in das gebirgige Hochland zurück. Zehn Jahre lang flammte jedoch der Krieg zwischen Vietnam und den Roten Khmer immer wieder auf. Auch daran hatte die politische Großwetterlage entscheidenden Einfluss. Die Sowjetunion unterstützte das vietnamesische Brudervolk. China rüstete gleichzeitig die Roten Khmer auf, die sich auf Mao Ze Dongs Freiheitskampf beriefen. Erst als die sozialistische Expansionspolitik im Zuge von Michail Gorbatschows Perestroika und Glasnost 1985 aufgegeben wurde, zog Vietnam seine Truppen aus Kambodscha zurück. Inzwischen sind die unterirdischen Gänge und Höhlen, in denen sich einst Vietcong-Kämpfer versteckt hielten, ein beliebtes Touristenziel geworden. Voraussetzung hierfür war, dass man die Gänge extra für dicke Touristen aus dem Westen erweitert hat.

Dass es den Kambodschanern schwerfällt, mit ihrer Vergangenheit fertigzuwerden, dafür sorgen bis heute die knapp zehn Millionen Landminen, die sich noch immer in Kambodschas Böden befinden. Ausnahmslos alle Besatzer, die seit dem Zweiten Weltkrieg in Kambodscha Krieg führten, haben Minen in die Böden gelegt: die Franzosen zwischen 1945 und 1954 ebenso wie die Amerikaner von 1968 bis 1975, parallel dazu das kambodschanische Lon-Nol-Regime von 1970 bis 1975 und die Roten Khmer zwischen 1968 und 1999, die gegen die Vietnamesen Krieg führten, welche ihrerseits zwischen 1979 und 1989 Minen in kambodschanischer Erde vergruben, parallel zum

Hun-Sen-Regime, das dasselbe zwischen 1979 und 1999 tat. Minen sind extrem billig in Kambodscha; es gibt sie praktisch überall zu kaufen. Darum werden bis heute beispielsweise Privathäuser mit Minen umgeben, die günstiger sind als Zäune und Schlösser. Lediglich ein Drittel des Landes gilt als minenfrei. Täglich ereignen sich etwa zehn Minenunfälle in Kambodscha. Zwei bis drei von ihnen verlaufen tödlich, die restlichen ziehen Amputationen, Blindheit, Leiden bis zum Lebensende nach sich.

In den vergangenen Tagen war ich immer wieder auf Warnhinweise gestoßen. In Phnom Penh hatte ich Dutzende von Amputierten gesehen. Am abstrusesten wirkten die Blindenprozessionen auf mich. Mehrmals hatte ich beobachtet, wie eine Menschenschlange im Gänsemarsch durch die Straßen der Hauptstadt zog; jeder hatte die Hände auf die Schultern des Vordermanns gelegt. Streubomben, die in der Luft explodieren und in alle Richtungen zersplittern, treffen oftmals die Augen. Behinderte haben einen schweren Stand in Asien. Ihr Leiden wird nicht selten auf schlechtes Karma zurückgeführt.

Über derlei Abstrusitäten könnte man als Reisender aus dem fernen Europa ungläubig den Kopf schütteln und weiterziehen – wenn man nicht wüsste, dass nahezu alle Minen, die für die Amputationen und Blindenprozessionen verantwortlich sind, aus den USA und aus Europa stammen. In den reichen, minenfreien Ländern werden sie entwickelt. Gelegt wurden und werden sie hingegen in den Ländern der Dritten Welt, allen voran in Kambodscha, Laos, Vietnam, auch in Mosambik, Afghanistan und auf Sri Lanka. Nicht selten werden sie anschließend von der eigenen Herstellerfirma wieder entschärft, wodurch diese doppelt verdient. Doch nach wie vor ist der Verkauf von Landminen und Splitterbomben profitabler als deren Räumung. Die Technik für eine effektive Beseitigung der Minen stünde indessen bereit. Ihr Einsatz würde jedoch voraussetzen, dass Mittel, die bislang zur Produktion der Minen eingesetzt werden, stattdessen zu deren Räumung verwendet werden, was nur durch öffentlichen Druck in den Produktionsländern wie Deutschland geschehen kann.

Ruinen und hektische Bautätigkeit

Drei Tage blieb ich in Phnom Penh. Obwohl ich aus dem Stand heraus hundert Orte aufzählen könnte, an denen sich ein Aufenthalt angenehmer gestalten lässt als in der kambodschanischen Hauptstadt, hielt mich etwas hier fest. Vielleicht war es das Zusammenspiel von chaotischem Gewusel und absoluter Entspannung, das mich fesselte. Je näher man dem Königspalast und der Flusspromenade kommt, desto mehr ähnelt die Stadt einem Ameisenhaufen. Verkäufer bieten abstruse Waren an, Mopeds knattern an Bettlern vorbei, Kinder werfen sich Bälle zu – dies alles umgeben von einer Geruchsmischung aus Abgasen, vergärendem Obst, ausliegenden Fischen und zerzausten Straßenkötern und unterlegt mit dem täglichen Konzert der Verkaufsschreie, Autos und Lastkähne. Es ging, von westlicher Warte aus betrachtet, zu wie in einem Tollhaus. Und inmitten dieses Tohuwabohus, keinen Meter von der Straße entfernt, ließen sich junge Männer seelenruhig die Haare schneiden. Im Zentrum verkehrsumtoster Kreisverkehre waren Menschen in Gebete vertieft. Im Schatten von Straßenschildern schliefen Kinder, während Autos, Mopeds, Rikschas haarscharf an ihnen vorbeibrausten. Vielleicht braucht man vor allem das, um in Kambodscha zu überleben: die Gabe, das Beste aus den gegebenen Umständen zu machen. Hat man zu Hause keinen Platz, legt man sich eben am Straßenrand schlafen. Ist ein von den Roten Khmer zerstörter Tempel nicht wieder aufgebaut worden, betet man inmitten eines Kreisverkehrs. Als mich eine Gruppe Kinder einlud, mit ihnen in einer vom Krieg zerstörten Hausruine Fußball zu spielen, während ringsumher Arbeiter mit nichts anderem als Spaten in den Händen damit beschäftigt waren, einfache Wohnungsanlagen zu errichten, um dem Zustrom hoffnungsfroher Landflüchtlinge gerecht zu werden, wusste ich, dass ich mir keinen besseren Ort hätte aussuchen können als Phnom Penh, um Kraft für die weitere Fahrt zu sammeln.

Nach Siem Reap, »Besiegte Siamesen«, gelangte ich stilvoll. Auf dem Dach eines speedboats schoss ich voran wie ein Regentropfen, der die Vertikale satt und sich stattdessen für die Horizontale entschieden hat. Als zöge ihn jener Ort, Ausgangspunkt der einzigen weltweit bekannten Touristenattraktion des Landes, magnetisch an.

Tonle Sap nennen Kambodschaner den größten Süßwassersee Südostasiens. Während des Sommermonsuns ändert der gleichnamige Fluss die Richtung und drückt die Wassermassen des Mekong in den See. Letzterer wächst daraufhin um das Sechsfache und wird vierzehn statt einem Meter tief. Dadurch werden Jahr für Jahr tausend Quadratkilometer fruchtbaren Bodens geschaffen. Der Tonle Sap ist zur Reisschüssel und zum Wasserspeicher für praktisch ganz Kambodscha geworden. Während Henri Mouhout, der Entdecker von Angkor Wat, 1860 noch vermerken konnte: »Schwärme von Delfinen ziehen vorbei, ihre Nase im Wind, und springen immer wieder aus dem Wasser«, ist der Fischbestand des Sees in den vergangenen Jahren durch den Einsatz von Chemikalien und die Rodung großer Ufergebiete um die Hälfte zurückgegangen. Die am Mekong geplanten Staudämme würden zudem die Überflutung der Ebenen verhindern. Die Folgen für zigtausende Uferbewohner wären fatal.

Der Motor unter uns fauchte wie ein in die Enge getriebener Drache – präziser: wie ich mir einen in die Enge getriebenen Drachen akustisch vorstellte. Das speedboat machte seinem Namen Ehre. Es pflügte durchs Wasser, ließ zwei Meter hohe Gischtwolken links und rechts entstehen, so dass die Holzboote der Fischer, an denen es vorbeiraste, für längere Zeit ins Wanken gerieten.

Obwohl ich die neue Art des Vorwärtskommens genoss, fühlte ich mich gerade vor dem Hintergrund meiner bisherigen Reise fehl am Platz. Nicht ein einziger Kambodschaner reiste auf unserem speedboat. Jenes war mit westlicher Unterstützung in Thailand gebaut worden. Der Kapitän stammte aus Japan. Ein Boot, gebaut von Fremden für Fremde, die es sich leisten konnten, fünfundzwanzig Dollar zu bezahlen, den Lohn, für den Kambodschaner im Durchschnitt zwei Wochen arbeiten mussten. Das speedboat von Phnom Penh nach Siem Reap machte mir bewusst, wie sehr ich mich in den vergangenen Wochen an meine neue Art des Reisens gewöhnt hatte. Statt mich von klimatisierten Bussen von einer Sehenswürdigkeit zur nächsten bringen zu lassen und die jeweilige Umgebung durch getönte Scheiben hindurch zu betrachten, war ich Teil dieser Welt geworden; ich staunte und kämpfte in ihr. Am interessantesten war für mich dabei gerade das touristische Niemandsland. Dort suchte ich Dörfer und Hütten auf, versuchte mit den Leuten am Straßenrand zu sprechen, schlief, wo sie schliefen, aß, was sie aßen und bewegte mich in einer Geschwindigkeit und mit einem Hilfsmittel fort, das ihnen zumindest bekannt war und nicht selten das Eis zwischen uns brach. Seltsam: Auf dem speedboat war ich unter meinesgleichen, unter Menschen, die ähnlich alt, ähnlich gekleidet, ähnlich reich und ähnlich abenteuerfreudig waren wie ich. Und dennoch fühlte ich mich hier fremder als nach einer Ankunft in einem kambodschanischen Dorf, wo mich Menschen erwarteten, die ihr Leben lang völlig andere Dinge sehen und erleben würden als ich, die jedoch für einige Wochen ähnliche Sorgen und Hoffnungen hatten.

Vermutlich ist kein Land der Welt derart für eine einzige Attraktion bekannt wie Kambodscha für die Tempelanlagen von Angkor. Im ganzen Land ist Angkor präsent: Es gibt Angkor-Kekse, Angkor-Bier und das erfolgreiche Halbschuhmodell Angkor Wat Explorer. Jedes zweite Restaurant in Siem Reap hat den Titel in irgendeiner Weise in seinen Namen integriert –

nur selten so originell wie die von einem Briten betriebene Bar »Angkor What?!«

Während ich das erste Eis seit meinem Aufbruch aus Vientiane genoss, kam ich mit drei australischen Radfahrern ins Gespräch. Noch ehe ich aufgegessen hatte, waren wir für sieben Uhr am nächsten Tag verabredet. An dem besagten Morgen blätterten wir je zwanzig Dollar hin, um die Tempelanlagen zu besichtigen – wohlwissend, dass lediglich zwei Dollar davon in die Staatskasse flossen, von denen wiederum ein Bruchteil für den eigentlichen Zweck, die Restaurierung der Anlagen, verwendet wurde. Achtzehn Dollar strich die Firma »Skha, Ltd.« ein, die Luxushotels in Siem Reap und Phnom Penh betreibt.

Im einstigen Zentrum des riesigen Angkor-Imperiums sind zweiundsiebzig religiöse Bauwerke erhalten geblieben. Das bekannteste von ihnen, Angkor Wat, ist ein dem heiligen indischen Berg Meru nachempfundenes Abbild des Universums, wie es der Hinduismus lehrt. Zentrales Element ist ein aufragender Turm, der einer der drei hinduistischen Gottheiten Brahma, Vishnu und Shiva geweiht ist. Ausschließlich der König und der Oberpriester hatten Zutritt zu diesem Turm. Starb der Bauherr, so vereinigte sich dem Glauben zufolge sein Geist mit jenem der Gottheit, und er wurde selbst zu einem gottgleichen Wesen. Die Wassergräben und Bassins, die die Tempel umgeben, symbolisieren das Urmeer, das der Mythologie zufolge den heiligen Berg Meru umgab.

Die Australier – eigentlich lustige Burschen, denen das »no worries, mate« genauso leichtfertig über die Lippen kam wie ein flotter Spruch beim Anblick einer Touristin – waren ungewöhnlich still geworden, als wir Angkor Wat betraten. Es war weniger die schiere Größe, die uns beeindruckte – mit anderthalb Kilometern Länge und über einem Kilometer Breite ist Angkor Wat das größte sakrale Bauwerk der Welt. Es war die geometrische Genauigkeit, die perfekte Präzision, die dem Bauwerk die Aura absoluter Harmonie verlieh. Ja, es schien, als schwebe das massive Steinbauwerk ein wenig über der Erde.

Blickt man auf die jeweils fünfhundert Meter langen Pfeilergeraden, in deren Mitte ein sechzig Meter hoher, künstlicher Berg emporragt, auf dem sich wiederum fünf kegelförmige Türme erheben, so erkennt man, was der Tempelkomplex darstellt: Angkor Wat ist eine aufbrechende, in den Himmel ragende Lotosblüte. Der Lotos ist eines der mächtigsten Symbole des Buddhismus. Wie die Pflanze im schlammigen Grund eines Sees entsteht, sich durch das trübe Wasser nach oben streckt und, sobald sie die Oberfläche erreicht hat, zu einer wunderschönen Blume wird, genauso trachten die Buddhisten danach, dem Kreislauf des menschlichen Leidens durch ihr Streben nach Erleuchtung und Vollendung zu entkommen und schließlich das Nirwana zu erreichen.

Den gesamten Morgen blieben die drei Australier und ich in Angkor Wat. Keine Klosteranlage dieser Welt konnte eine derart sakrale Stimmung erzeugen.

»Big!« brachte Luke sein Empfinden alle paar Minuten auf den Punkt.

»Crazy, but big!« pflichtete ich ihm regelmäßig bei.

Dabei war mir durchaus bewusst, dass der Sinn von Angkor Wat und aller weiteren Tempel, die wir im Verlauf des Tages besuchten, einem halbwegs demokratisch erzogenen Menschen sauer aufstoßen musste. Die Tempel dienten nie als Versammlungsstätte; ihr Zugang war einzig dem Herrscher vorbehalten. Im Fall von Angkor Wat waren vierzig Jahre Frondienst nötig, um dem Andenken an Suryavarman II., den Sonnenkönig, gerecht zu werden.

In den Jahren 1296 und 1297 begleitete der Chinese Zhou Daguan eine Gesandtschaft ins Reich der Khmer. 1924 übersetzte Paul Pelliot einen Teil der damals entstandenen Reisenotizen, denen wir, obgleich nicht frei von chinesischen Werturteilen, wesentliche Einblicke in das Leben zur Blütezeit Angkors verdanken: »Die Bewohner sind groß, hässlich, sehr schwarz und benehmen sich wie die Barbaren des Südens. (...) Die einzige Bekleidung für Frauen wie Männer ist ein Stück

Stoff, das sie um die Hüfte gurten. Alle gehen barfuß, selbst die Frauen des Herrschers. Dieser besitzt fünf Gemahlinnen. (…) Was Konkubinen und Palastmädchen betrifft, so gibt es angeblich drei- bis fünftausend, die wiederum in Klassen unterteilt und nur selten im Palast sind. (…) Männer und Frauen benutzen Parfum aus Sandelholz, Moschus und anderen Essenzen. (…) Jeder, der den König erblickt, muss niederknien und die Erde mit der Stirn berühren. Wer es unterlässt, wird von den Ordnungshütern ergriffen und muss für seine Freilassung zahlen.«

Besondere Massagen und eine entgleiste Abenddarbietung

»Special massage, Sir?« bot mir ein grinsender Tuk-Tuk-Fahrer am selben Abend an, als ich nach dem Besuch der Tempelanlagen durch die Touristenhochburg Siem Reap schlenderte. Seine Frage machte auf eine in Kambodscha und Thailand äußerst beliebte Veranstaltung aufmerksam, die wie eine gewohnte Massage beginnt, anschließend jedoch sehr gezielt auf die Bedürfnisse des (männlichen) Gastes eingeht, weshalb sie in Fachkreisen auch *Happy-ending-massage* genannt wird. Seit ich unterwegs war, wurde mir etwa alle drei Tage mehr oder weniger explizit eine derartige Form der Erleichterung angeboten. Meine Antwort darauf lautete jedes Mal, dass mir angesichts meines aktuellen Zustands ein Glas Wasser lieber wäre – was wiederum an manchen Orten ungleich schwieriger zu bekommen war.

Kaum hatte ich Siem Reap am nächsten Morgen hinter mir, wurde mir klar, dass an diesem Tag neben Wasser auch Essbares nicht leicht aufzutreiben sein würde. Unglücklicherweise hatte ich auf ein Frühstück verzichtet – ich hatte angenommen, dass sich mir zwischen Siem Reap und dem nur dreihundert Kilometer entfernten Bangkok genügend Möglichkeiten der Nahrungsaufnahme bieten würden. Ein Trugschluss, wie ich bald erfahren sollte. Das Mittagessen würde heute ebenso ausfallen wie das Abendbrot. Ich musste mich mit einer Handvoll pappsüßer Zitronenwaffeln aus Thailand begnügen, auf denen seltsamerweise *chocolate cakes* stand. Als die Sonne ihren Zenit erreichte, defilierten bereits Bilder von süß-saurem Hühnchenfleisch voll wertvollen Eiweißes, kohlehydratgesättigten Glasnudeln und energiereichen Nachtischen vor meinem geistigen Auge vorbei, die sich leider weder an diesem noch am darauffolgenden Tag materialisieren sollten. Vielleicht war es auch nur fair, dass ich in einem Land, in dem nach wie vor ein Drittel der Bevölkerung gegen Unterernährung kämpfte, ebenfalls von Hunger geplagt wurde.

Wenn es wenigstens eine Straße geben würde, die diesen Namen verdiente! Mit jedem Tag, den ich im Dreck vorwärtsfuhr, war ich verblüffter, dass ich noch immer ein Fahrrad unter mir hatte. Mit zwanzig Stundenkilometern krachte mein SMIKE in badewannengroße Schlaglöcher. Der Beiwagen vollführte tollkühne Bocksprünge, wenn ein Stein oder ein Stück Holz unter sein Rad geriet. Auf den Abschnitten mit Wellblech wurden wir beide durchgerüttelt wie bei einem Schüttelfrost. Staub, Dreck, Schmerzen – so konnte ich diesen heutigen Tag zusammenfassen. Ein hässliches Gerücht besagt, dass die nationale Fluggesellschaft von Kambodscha Geld bezahle, damit die Straße zwischen Siem Reap und Bangkok weiterhin in desolatem Zustand blieb. Zu einträglich ist das Geschäft mit den Touristen, die bei Ankunft und Abflug in Siem Reap stolze fünfundzwanzig Dollar Flughafengebühr berappen. Abstrus mutet es schon an, dass im Nordosten des Landes, von Stung Treng über Kampong Cham bis nach Phnom Penh eine nagelneue Asphaltstrecke in der Sonne glänzt, die zuweilen über Stunden kein Auto sieht, während die Menschen entlang der vielbefahrenen Strecke zwischen Siem Reap und Bangkok den Staub einatmen müssen, der alles zu beiden Seiten der Straße – Verkaufsbuden, Fahrzeuge, Fußgänger, Radfahrer – mit einer hellockerfarbenen Schicht überzieht.

Hellockerfarben war auch die Stadt, in der ich heute Quartier bezog. Niemals zuvor war ich an einem Ort abgestiegen, der dermaßen von Staub geprägt ist wie Sisophon. »Wir essen Staub, wie atmen Staub, wir denken Staub« – so hat es Ilija Trojanow in seinem Bestseller »Der Weltensammler« formuliert. Die Staubkörner waren überall: in der Luft, auf allen Fensterscheiben meiner Pension, auf dem Wasserhahn des Badezimmers, in meinem Bett, in meinem Mund. Bei jedem Bissen knirschten sie zwischen meinen Zähnen, als ich das kambodschanische Nationalgericht kostete. Bezeichnenderweise heißt jenes »Amok« und besteht aus einer Mischung an Zutaten, die westliche Gaumen kaum entschlüsseln können. Ging ich auf die Straße, konnte ich etwa acht Meter weit sehen. Die Luft schien erfüllt von Staubschwärmen, die bei jeder Bewegung durcheinandergerieten. Die Lichter der Lastwagen, die auf dem Weg nach Bangkok durch Sisophon fuhren, erinnerten an trübe Milch. Wie durch dichten Nebel hindurch sah man sie näher kommen, bevor sich ein Gefährt für ein, zwei Sekunden aus dem Staub schälte und sofort wieder von ihm verschluckt wurde, eine diffuse rote Lichtspur hinter sich herziehend.

Beim Essen hatte sich ein Radfahrer zu mir gesellt. Wie ich war er auf dem Weg nach Aranyaprathet, der ersten thailändischen Stadt nach der Grenze. Wie ich hatte Florian aus Esslingen einst mit der Punkbewegung sympathisiert. Während wir uns auf die kambodschanisch-thailändische Grenze zukämpften, tauschten wir uns über legendäre Konzerte schwäbischer Vorstadtbands aus, verglichen die besten Arten des stage diving und zogen ausgiebig über das kapitalistische Schweinesystem her. Leider hatten sich mein Magen und mein Darm nach Zufuhr des kambodschanischen Leibgerichts gegen mich verschworen. Einen ganzen Tag lang lediglich eine Handvoll falsch bezeichneter Zitronenwaffeln und früh am nächsten Morgen eine außergewöhnliche Menge Fremdartiges, das sei keinesfalls in ihrem Sinne gewesen, gaben sie bekannt. Er verfüge über exzellente Kontakte zu Montezuma, fuhr der Magen gehässig fort, die er aktiviert habe, um beiderlei Rache zu vereinen. Im Übrigen sei mein Darm die Schlaglochpiste leid, auf der ich seit zwei Tagen entlangholperte, und wenn das so weiterginge, könne er auch den frischoperierten Blinddarmnarben einen Wink geben. Ich redete ihnen gut zu, sprang alle halbe Stunde in ein nahes Gebüsch oder hinter einen bereitstehenden Stein, biss ansonsten die Zähne zusammen und konzentrierte mich bestmöglich auf das Gespräch mit Florian. Auf diese Weise gelangten wir, von oben bis unten mit Dreck besudelt, in die letzte kambodschanische Stadt vor der thailändischen Grenze.

Poipet unternimmt einiges, um sein Image als schmuddeliger Sündenpfuhl aufrechtzuerhalten. Statt in Straßenbaumaßnahmen zu investieren, zog man vor zwei Jahren neben den aufgereihten Bordellen der Stadt einen immensen Kasinokomplex hoch, dessen gepflegte Glasfront heftig mit den Bettlern und Minenopfern kontrastiert, die thailändische Grenzgänger vor der Eingangstür um ein paar Baht bitten. Traurige Berühmtheit erlangte der kambodschanische Grenzort, als bekannt wurde, dass hier ein Zentrum des internationalen organisierten Kinderhandels ist. Dagegen unternommen hat man nicht viel. Zu verlockend erscheinen nach wie vor die Konsequenzen aus dem Wohlstandsgefälle zwischen Thailand und Kambodscha, das wohlhabende Glücksritter und gestrauchelte Anbieter zusammenbringt.

Als ich Kambodscha hinter mir ließ und auf die linke Straßenseite wechselte, um die thailändische Grenze zu passieren, wusste ich, dass die entbehrungsreichste Teilstrecke meiner Reise nun definitiv hinter mir lag.

Was für ein Wechsel fand statt, als ich nach Thailand gelangte! Unmittelbar nach der Grenze begann die Zivilisation, und nach den Entbehrungen der vergangenen zwei Wochen sehnte ich sie herbei. Ehre sei den thailändischen Straßenbauern, denn sie haben ganze Arbeit geleistet! Gelobt seien die Fünf-Liter-Wasserflaschen und Oreo-Kekse (ganz besonders die mit Erdnussbutter), die ich ab sofort am Straßenrand kaufen konnte!

Bitte recht freundlich: Begegnung in der laotischen Hauptstadt

Das SMIKE stößt allerorten auf Begeisterung

Raubtierfütterung mit Glasnudeln

Vientiane von oben: Die Hauptstadt besticht durch großzügige Anlagen und Wasserspiele

*Pha That Luang:
Das laotische Nationalheiligtum
ist üppig mit Gold verziert*

Die Reisernte, wie hier in Laos, ist ein hartes Stück Arbeit

Das kulinarische Angebot am Straßenrand ist vielfältig

Der Einfluss des indischen Hinduismus ist in ganz Laos und Kambodscha sichtbar

Buddhistische Gelassenheit vor einem Tempel in Pakse, Südlaos

„Sabai diii": Anfeuerung am Wegrand

in ungewöhnliches Hindernis auf der Straße

bfahrt in aller Frühe: Morgennebel nahe des Dorfes Na In

Die Konkurrenz schläft nicht: Zuweilen wird es eng

Angekommen: Das SMIKE vor einer Herberge

n der laotisch-kambodschanischen Grenze stürzt der Mekong in Kaskaden zu Tal

Bei den Steingesichtern von Angkor

*Filigran bis ins Detail:
Darstellung einer Apsara auf der
Mauer eines Angkortempels*

*Jahrhundertelang blieben die Tempel
von Angkor verborgen. In einigen davon hat die Natur Boden zurückerobert*

rennende Felder im Norden Kambodschas

Pragmatisch:
Päuschen in einem Straßenschild,
gesehen in Phnom Penh

Im Zickzack um Büffel herum: Mit Tieren wie diesen teilt man Straßen und Wege

Logistik auf kambodschanisch: „Leicht beladener Lastwagen" im Grenzort Poipet

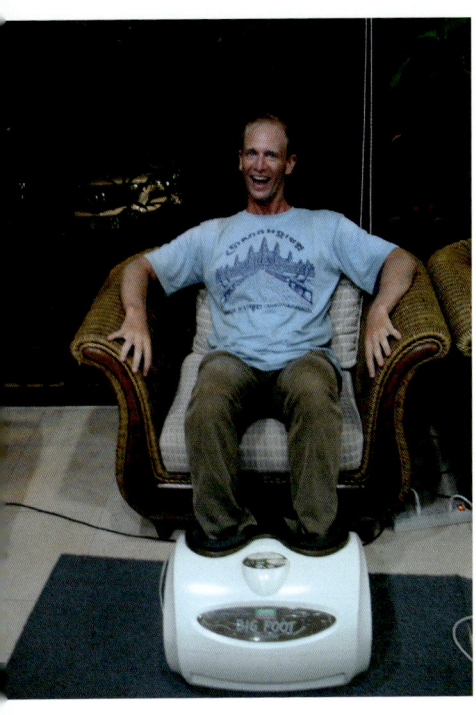

*Nach einem Tag Rikschafahren
ist die automatische Fußmassage
sichtlich ein Genuss*

uf nach Bangkok: Endlich wieder Asphalt unter den Rädern!

Grimmige Wächter in Bangkoks Königspalast

Reich verziert und Furcht einflößend:
Stützende Steinfigur in Bangkok

Kreisverkehr in der thailändischen Hauptstadt

*Guten Appetit: Gebratene Ratten
auf einem thailändischen Markt
(Foto: Stephan Störmer)*

„Die sind, soviel ich weiß, nicht giftig": Im Schlangentempel auf Penang, Malaysia

Kulturaustausch in Singapur: Die Zuhörerin ist begeistert von der Münchner Postkarte

Ein dreifaches Hoch auf den real existierenden Kapitalismus, der diese Errungenschaften ermöglicht hat!

»One night in Bangkok and the world's your oyster«, sang ich lauthals, »the bars are temples but the pearls ain't free!« Es war gar nicht einfach, den näselnden Gesang des britischen Sängers und Schauspielers Murray Head nachzuahmen, den ich immer wieder unter Einsatz meiner Fahrradklingel mit Queens »Bicycle Race« kombinierte. Die thailändische Millionenmetropole war in greifbare Nähe gerückt. Ich fieberte meinem großen Etappenziel entgegen, das gleichzeitig die Halbzeit meiner Reise markierte – auch wenn ich aufgrund zahlreicher Erzählungen in Wahrheit kaum mehr erwartete als »one crowded polluted stinking town«.

Die harte kambodschanische Schule hatte mich gestählt. Ohne allzu große Anstrengung fuhr ich die einhundertzehn Kilometer von Aranyaprathet nach Kabin Buri, um tags darauf ins einhundertzwanzig Kilometer entfernte Bang Pakong zu gelangen. Inzwischen hatte ich keinerlei Probleme mehr, etwas Essbares aufzutreiben. In Thailand scheint eine Hälfte der Bevölkerung permanent damit beschäftigt zu sein, für die andere zu kochen. Auch in Bang Pakong hatte mich das blinkende Werbeschild eines Restaurants eingefangen. Ich fand Unterschlupf in einem Zimmer auf der Rückseite, dann begab ich mich in den Speisesaal. Allzu leicht bekleidete Damen mit unrealistisch aufreizenden Blicken wiegten sich im Takt einer einschmeichelnden Musik. Was Fernfahrern und aus Versehen hier hängengebliebenen Reisenden gefallen sollte, wirkte eher abstoßend auf mich. Ich behalf mich mit einer echt asiatischen Höflichkeitslüge, gab vor, meinen Geldbeutel im Zimmer liegen gelassen zu haben, lächelte die herbeistürzenden Kellner an und verließ das Gebäude. Etwa einhundert Meter weiter machte ich auf der anderen Straßenseite ein paar vielversprechend funkelnde Lichter aus, auf die ich zuschritt.

Kurz darauf betrat ich einen halbüberdachten Raum, der lediglich vom Mondlicht beleuchtet wurde. Ich erkannte ungeordnet im Raum verteilte Sofas und Sessel aus den fünfziger Jahren vor einer provisorischen Bühne aus Kisten und Kartons. Wo war ich jetzt nur wieder hineingeraten? Als ich bereits umkehren und zurück zu den nervösen Kellnern und den Schauspielerinnen gehen wollte, machte ich eine Bewegung im Dunkeln aus. Kurz darauf hüpfte ein Einbeiniger auf mich zu. Sein rechtes Hosenbein hing schlaff herab, dafür verfügte er über einen durchtrainierten Oberkörper, was mich sofort für ihn einnahm. Offensichtlich war er angesichts seines Leids nicht in Resignation verfallen. Er bewegte sich sogar erstaunlich flink, obwohl er über keine Krücken verfügte. Im Schlepptau hatte er vier Kinder zwischen fünf und zehn Jahren.

Der Einbeinige fragte mich etwas, das ich nicht verstand. Da mich eine gewisse Unverfrorenheit in solchen Situationen oftmals weitergebracht hatte, bestellte ich kurzerhand eine Portion Reis mit Gemüse bei ihm – auch weil es das Einzige war, das ich bislang neben hallo auf thailändisch aussprechen konnte. Was mir wiederum recht war, da ich Fleisch an Orten wie diesem ohnehin nicht über den Weg traute. Der Einbeinige begann über das ganze Gesicht zu grinsen. »Yes, yes, Sir«, bestätigte er meine Bestellung freudestrahlend. Dann ruderte er chaotisch mit den Armen, woraufhin die vier Kinder ausschwärmten, um eine angenehme Atmosphäre herbeizuzaubern. Eines lief zu einem geheimen Lichtschalter und setzte eine Diskokugel in Gang, die blinkte und blitzte, als wolle sie verzweifelt auf sich aufmerksam machen. Das einzige Mädchen der Gruppe, eine etwa Zehnjährige, zerrte ein Keyboard auf die Bühne, das meiner Schätzung zufolge noch vor dem Zweiten Weltkrieg gebaut worden sein dürfte. Sie spielte gar nicht schlecht, wurde jedoch von den restlichen beiden Kindern übertönt, die sich ein Mikrofon geschnappt hatten und jetzt tapfer versuchten, die richtigen Töne thailändischer Volkslieder zu treffen. Drei bis auf die Knochen abgemagerte Köter liefen im Zickzack um sie herum. Ab und an stimmten sie in den Gesang ein, was diesen insgesamt kaum veränderte. Bis auf das Licht der Diskokugel lag der gesamte Raum nach wie vor vollständig im Dunkeln. Außer mir war weit und breit kein Gast zu sehen, und es sah nicht danach aus, dass noch jemand auf die Idee kommen würde, hier abzusteigen. Noch immer wusste ich nicht, ob es sich tatsächlich um ein Restaurant handelte.

Als mir der Einbeinige fünfzehn Minuten später eine beachtliche Portion Reis mit Gemüse auf den Tisch stellte und zudem vor meiner Nase eine Kerze anzündete, deren Wachs auf den Tisch tropfen ließ und sie anschließend darin aufstellte, hätte die Situation gar angenehm sein können – wenn die kleinen Lautsprecher unter der Last der Soundkaskade nicht gequietscht hätten wie Kreide auf einer Tafel. Und wenn die Hunde nicht bei bestimmten Tönen zu jaulen begonnen hätten. Und wenn nicht direkt hinter mir Lastwagen die Straße entlang Richtung Bangkok geschepppert wären. Ich kam mir vor, als würde ich mein Abendessen inmitten der Proben zu einem Rockkonzert einnehmen. Dennoch grinste ich, vermutlich reichlich schief, in Richtung der ebenso singenden Kinder und der jaulenden Hunde. Erst später wurde mir klar, dass der Humpelnde an jenem Abend quer über die Straße gelaufen war, um in dem Restaurant mit den Tischtänzerinnen eine Portion Reis mit Gemüse zum Bruchteil des auf der Karte angegebenen Preises zu erwerben und es dem seltsamen Farang anschließend zum doppelten Preis zu verkaufen – was indessen auch für mich ein gutes Geschäft gewesen war, da ich gegenüber noch immer deutlich mehr hätte bezahlen müssen.

Ich bedankte mich bei meinem einbeinigen Gastgeber, versuchte, seinen vier Kindern aufmunternd zuzulächeln, machte einen Bogen um die drei Hunde und begab mich zurück zu meinem Domizil.

Als die Geräusche aus den Nachbarzimmern rhythmischer wurden, wusste ich auch, womit die knapp bekleideten Bedienungen des Restaurants ihr Tänzerinnengehalt aufbesserten.

Eine Stadt im Zeitraffer

Am folgenden Tag gestaltete sich die Zimmersuche ungleich schwieriger. In zweieinhalb Stunden hatte ich am Vormittag die sechzig Kilometer bis zu Bangkoks Südspitze zurückgelegt. Beinahe dieselbe Zeit benötigte ich für die Suche nach einer Bleibe.

»Yes, yes, yes«, hatten drei ältere Damen geantwortet, als ich sie nach einem Hotel fragte. Dabei hatten sie in drei verschiedene Richtungen gedeutet. Auch die Lage der Stadt hatten sie jeweils woanders verortet.

Ich beschloss, aufs Geratewohl an diversen Haustüren zu klopfen, über denen Schilder angebracht waren, und zu fragen, ob es sich um ein Hotel handelte. Nach knapp anderthalb Stunden erfolgloser Tätigkeit und dem Aufbau geografischer Detailkenntnisse bezüglich des Stadtteils gelangte ich unvermittelt zu einem einladenden Innenhof, um den herum Räume gruppiert waren, die Nummern trugen.

»Yes, Hotel«, bestätigte ein befrackter Angestellter, der wie siebzehn aussah und folglich etwa fünfundzwanzig sein durfte, meine kühnsten Hoffnungen.

»Prima, dann nehme ich ein Zimmer, egal welches!« rief ich aus.

»Solly«, entschuldigte sich der Befrackte und blickte betreten zu Boden, »no looms left!«

Seine Aussage blieb felsenfest und unverrückbar im Raum zwischen uns stehen. Selbst mein Angebot, ihm fünfzig Dollar zu bezahlen, wenn ich dafür auf dem Boden seines Wachhäuschens schlafen konnte, brachte ihn nicht ins Wanken.

Aus den Augenwinkeln hatte ich bemerkt, dass ein Mopedfahrer angehalten hatte, der mich und mein SMIKE eingehend musterte. Seine Augen strahlten eine seltene Wachheit aus, und so ging ich zu ihm und fragte, ob er einen Ort kenne, an dem eine weißhäutige Langnase wie ich eine Nacht verbringen konnte. Den kenne er durchaus, erwiderte er entspannt in flüssigem Englisch und begutachtete den Lenker seines Mopeds.

»Das freut mich sehr«, versicherte ich und blickte ihm neugierig in die Augen.

Etwa eine Minute lang standen wir uns schweigend gegenüber. Dann beschloss ich, das Epizentrum meines Interesses bekanntzugeben, die *million dollar question* in den Raum zu werfen: »Und hätten Sie die Güte, mich dorthin zu führen?«

Langsam löste mein Gegenüber daraufhin die Hände vom Lenker seines Mopeds, um die kommenden Ausführungen mit fließenden Bewegungen zu unterstreichen.

»Sie müssen wissen, Sir, dass das Leben ein ständiges Geben und Nehmen ist, und dass das Geben der buddhistischen Theorie zufolge weitaus mehr Freude bereitet als das Nehmen, Sir, was im Übrigen bereits Konfuzius betont hat, der große chinesische Philosoph, Sir. Nun, an einem so schönen Tag wie heute bin ich gerne bereit, Ihnen eine große Freude zu bereiten, Sir.«

Sein Name war Akun oder Amthung, vielleicht auch Agoun. Er hatte zwei Semester in London studiert, war siebenundzwanzig Jahre alt und sah aus wie neunzehn.

Die Straßen wurden immer enger, als ich meinem geschäftstüchtigen Reiseführer folgte. Nach einer Viertelstunde hörte der Asphalt auf, und wir überquerten ein offenes Feld. Nachdem wir schließlich ein Wäldchen passiert hatten, standen wir vor einem halbverfallenen Gebäude.

»Du hattest wahrhaftig recht, Akun: Dieses Hotel hätte ich allein nicht gefunden.«

Der junge Angestellte wollte umgerechnet vier Dollar für ein Zimmer haben, die ich gern berappte. Hier draußen, jenseits aller Straßen und Häuser, dennoch in unmittelbarer Nähe zu Bangkok, würde ich mich gut erholen können. So dachte ich, bis ich einsehen musste, dass ich auch in Thailand niemals sicher vor Überraschungen sein konnte.

Akun verlangte vierzig Baht für seine Dienste, was etwa neunzig Cent entsprach. Ich gab ihm knapp doppelt so viel, dann betrat ich die Ruine. Seit wir uns begegnet waren, starrte mich der Angestellte an, als sei ich mit einem dreirädrigen Raumschiff vom Saturn gefallen. Vermutlich war, seit er hier arbeitete, in diesen Räumlichkeiten noch kein Weißer abgestiegen, mit Sicherheit jedoch keiner, der mit einer Rikscha unterwegs war und behauptete, in Laos losgefahren und über Kambodscha hierhergekommen zu sein.

Als ich meine Habseligkeiten im Zimmer eingeschlossen hatte, begann ich darüber nachzudenken, wie ich von diesem verlassenen Ort aus ins Zentrum von Bangkok kommen sollte. Und wie um alles in der Welt ich diese Bruchbude ohne Namen oder Adresse nach einem Trip durch die thailändische Hauptstadt wiederfinden könnte. Einmal mehr kam mir zu Hilfe, dass ich, wohin ich kam, augenblicklich die Aufmerksamkeit aller Umstehenden auf mich zog. Ein roter Punkt näherte sich vom Rand des Feldes aus meinem Domizil. Als er das Wäldchen passiert hatte, erkannte ich zu meinem Erstaunen ein Taxi. Ich sprang ihm entgegen, hüpfte auf und nieder und bewegte die Arme wie Windmühlenflügel. Mit Sicherheit fand der Angestellte hinter mir seine Meinung bestätigt, dass ich vollständig »bababobo« geworden sei, wie man in diesen Breiten, phonetisch passend, einen Verrückten bezeichnet.

Immerhin zog mein seltsames Gebaren den gewünschten Erfolg nach sich. Langsam kam das Taxi auf mich zu. Eine derart verzweifelte Langnase würde sich kein Taxifahrer Thailands entgehen lassen. Natürlich hatte er mich bereits gesehen, als ich meinem Reiseführer hierher gefolgt war. Da es gerade mal elf Uhr morgens war, hatte er messerscharf kombiniert, dass ich, um von diesem Ort wegzukommen, seine Hilfe benötigte, da ich ihn allein wohl nicht mehr auffinden würde. Ich befand, dass so viel Sachverstand belohnt werden musste.

»Hello, mister, I've got some good news for you«, meldete ich an, als der Fahrer die Fensterscheibe herabgelassen hatte.

Ich buchte zwölf Stunden Taxifahrt bei ihm. Zwölf Stunden, in denen er mich nach Bangkok bringen, mir die aus seiner Sicht wichtigsten Sehenswürdigkeiten zeigen und anschließend genau hierher zurückbringen sollte. Er warf dem Angestellten einen Blick zu, der sagen sollte: »Na, habe ich es dir nicht gesagt, dass diese Farangs gern Geld ausgeben?«

Mir selbst kam das Vorhaben ebenfalls ein bisschen dekadent vor – vor allem vor dem Hintergrund, wie ich hierher gekommen war. Als wir uns dem Zentrum der Thaihauptstadt näherten, wurde mir jedoch schnell klar, wie gut ich daran getan hatte, nicht mit dem SMIKE zu fahren. Nach drei Einfahrten auf diverse Straßen hatte ich komplett die Orientierung verloren. Wir schlängelten uns ein Gewirr vierspuriger Autobahnen entlang, passierten größenwahnsinnige Brückenanlagen und standen in vollgestopften Einfallstraßen. Die Schilder Richtung Zentrum standen wild verstreut und zeigten nicht selten weg von der Stadt, die ich im Hintergrund bereits ausmachen konnte.

Zum ersten Mal seit meiner Abfahrt wusste ich mit Sicherheit, wie mein asiatisches Gegenüber hieß. Sein Name stand groß auf einem Pappschild, das er um den Hals trug. Er lautete Nantopol Limpatyakrom. Ich fragte mich während der gesamten gemeinsamen Fahrt, welches davon wohl sein Vorname war.

Nantopol Limpatyakrom stammte aus Phetchaburi, der nächsten größeren Stadt südlich von Bangkok, die ich am nächsten Abend erreichen wollte. Er war das vierte Kind einer Arbeiterfamilie. Seine Mutter stickte Tischtücher, nähte Tierfiguren aus Stoff und verkaufte die Ergebnisse an Touristen. Sein Vater dichtete Häuser in ganz Südthailand ab. Das Geschäft lief gut; die thailändische Wirtschaft wuchs seit Jahren kräftig, und immer mehr Menschen konnten sich Häuser auf dem Land leisten. Bald folgten seine beiden Brüder dem Vater nach, nahmen Aufträge für Dacharbeiten in Südthailand bis hinein nach Nordmalaysia an. Nantopol Limpatyakrom war von Beginn an anders. Statt mit den anderen Kindern zu raufen, saß er im Garten und sinnierte vor sich hin. Zum Entsetzen seines Vaters begann er bald, Bücher zu lesen.

»Schau, was ich durch meiner Hände Arbeit errichtet habe!« ermahnte ihn sein Vater einst und blätterte mit seinen rauen Händen in einem Fotoalbum, in dem die Häuser festgehalten waren, deren Dächer er regendicht gemacht hatte. Selbstverständlich pflichtete ihm sein Sohn bei. Alles andere wäre gegen die Regeln der Familie gewesen, und der Erfolg des Vaters war unbestritten. Nantopol Limpatyakrom hatte jedoch eine andere Vorstellung von Erfolg. »Lerne innezuhalten, und du wirst Standsicherheit gewinnen. Im sicheren Halt kannst du dich ausruhen und gelassen sein. In der Gelassenheit kannst du nachdenken, und durch das Nachdenken wirst du Erfolg haben«, zitierte er den chinesischen Philosophen Dseng Dse, einen Schüler von Konfuzius. Kurz zuvor hatte er über diesen Spruch meditiert, leicht war er ihm über die Lippen gekommen, allzu leicht. Seine Knie begannen zu zittern, auf seine Stirn traten zwei Schweißtropfen. Er hatte seinem Vater soeben einen Ratschlag erteilt – eine undenkbare Frechheit, die streng bestraft werden konnte. Doch Nantopol Limpatyakrom sah nicht zu Boden. Zwei Minuten lang blickten sich Vater und Sohn in die Augen. Dann nickte sein Vater fast unmerklich, klappte das Fotoalbum zu, murmelte: »Schau zu, dass du Geld für deine Familie nach Hause bringst«, und ging aus dem Zimmer. Im selben Moment wusste der kleine Nantopol Limpatyakrom, dass er seinen Vater für immer lieben würde.

Mit Feuereifer lernte er Englisch, gleichzeitig bestürmte er die Mönche von Phetchaburi mit seinen Fragen. Kaum hatte er seinen Führerschein gemacht, wurde er als Taxifahrer in Phetchaburi eingestellt. Das Geschäft lief so gut, dass die Firma nach Bangkok expandierte. Vielleicht, bemerkte Nantopol Limpatyakrom am Schluss der Erzählung seines Werdegangs, vielleicht nehme er bis heute Nachtfahrten und Sechzehn-Stunden-Schichten auf sich, um seinem Vater Ehre zu erweisen.

Unter Sinnsuchern II: Reisen als gelebter Buddhismus

Da er der Richtige für derartige Gespräche war, fragte ich ihn, als wir gemeinsam den einhundert Meter hohen Tempel der Morgenröte erklommen, warum er Buddhist sei.

»Bist du ein gläubiger Mensch?« konterte er schnaufend. Die hohen Treppenstufen machten ihm sichtlich zu schaffen.

»Glauben gehört irgendwie zu uns Menschen«, trat ich die Flucht nach vorn an. »Sonst würden wir uns ausschließlich an rationalen Kosten-Nutzen-Abwägungen orientieren; wir wären durchschaubar wie Roboter. Brächte mir A mehr Nutzen als B, so wählte ich A. Wäre Weg C leichter als Weg D, wählte ich Weg C. Es gehört aber gerade zu den spannenden Geheimnissen, warum sich so viele Menschen für den schwereren Weg entscheiden, und warum manche B wählen, obwohl ihnen A mehr Nutzen brächte, beispielsweise wenn B auch anderen Nutzen bringt. Ich glaube zudem, dass uns die mit einem Glauben verbundene Bescheidenheit guttut, weil es immer Dinge geben wird, die wir nicht begreifen können. Eben weil wir so kompliziert sind, so unberechenbar, eben weil wir so menschlich sind: Darum gibt es Künstler, darum gibt es Literatur.«

»Schon gut, schon gut«, lächelte er mir nach meinem Wortschwall zu. »Du bist also ein gläubiger Mensch. Schön, dann muss ich nicht ganz von vorn anfangen. Aber bitte erlaube, dass ich erst einmal Atem schöpfe. Sind wir erst oben angelangt, erzähle ich dir, was du willst!«

Wir setzten uns auf die oberste Stufe des Tempels. Von hier überblickte man einen Teil Bangkoks. Ein Gewirr lärmender Straßen und schmutziger Hochhäuser, unterbrochen von einem braungelben Fluss, der eine Schleife durch die Stadt zog.

»Es gibt schönere Ausblicke auf unsere Stadt als diesen«, bemerkte Nantopol Limpatyakrom, als hätte er meine Gedanken erraten. »Der Smog macht uns zu schaffen. Trotzdem bleibt Bangkok natürlich die schönste und aufregendste Stadt der

Welt!« Er lächelte hinab auf das dunkel gefärbte Wasser des Flusses, das träge am Tempel der Morgenröte vorbeizog. »Warum hast du dir für deine Tour von allen Regionen der Welt eigentlich Südostasien ausgesucht?« fragte er unvermittelt und sah mich an.

Ja, warum eigentlich?

»Weil hier alles völlig anders ist als zu Hause.« Von neuem ließ ich einen Wortschwall auf mein Gegenüber regnen. Irgendetwas brachte mich dazu, Nantopol Limpatyakrom mehr über mein Inneres zu verraten als anderen Menschen. Vielleicht war es auch nur meine Erleichterung darüber, dass ich mich auf Englisch mit ihm unterhalten konnte. »Weißt du«, fuhr ich fort, »ich empfinde die Art, wie bei mir zu Hause Dinge geregelt werden, als einseitig. Sie legt den Fokus so sehr auf Materielles, dass das Seelische nicht Schritt hält. Um Zufriedenheit zu erlangen, müssen wir darum selbst für einen Ausgleich sorgen.« Nantopol Limpatyakroms Gesicht hatte sich bei meinen Worten aufgehellt. Ich ahnte aufgrund seines Werdegangs, dass ich ihm aus der Seele sprach. »Die Zeichen, dass wir diesen Ausgleich schaffen, stehen meiner Ansicht nach so günstig wie niemals zuvor. Der Vergleich verschiedener Lebensentwürfe, die Gegenüberstellung verschiedener Kulturen und religiöser Prinzipien helfen ungemein dabei. Unsere Lebensart ist in Wahrheit ja nichts Statisches, sie ist, wie alles andere auch, einem ständigen Prozess unterworfen. Diesen Prozess zu beeinflussen statt lediglich auf ihn zu reagieren, das versuche ich durch meine Reisen zu erreichen – einfach um mein Leben möglichst sinnvoll zu gestalten.«

»Bravo, Thomas, Sir!« rief Nantopol Limpatyakrom nach meiner Wortkaskade aus. »Du hast mich gefragt, warum ich Buddhist bin. Nun, was du da eben gesagt hast, war nichts anderes als die Zusammenfassung der buddhistischen Lehren in deinen eigenen Worten. Jetzt schau mich nicht so verdutzt an, als sei ICH verrückt, wer von uns ist denn zweitausend Kilometer auf einer Rikscha hierhergefahren?«

Sein Lachen wirkte ansteckend; eine malaysische Touristenfamilie blickte verstohlen zu uns herüber. Nantopol Limpatyakrom hatte sich bereits wieder gefangen und begann zu erklären: »Zunächst hast du dir den Weg selbst ausgesucht, was eine wichtige Voraussetzung dafür ist, Buddhist zu werden. Man muss sich selbst dafür entscheiden, seine Zuflucht bei der heiligen Lehre zu nehmen. Vielleicht ist das einer der Gründe dafür, warum im Namen des Buddhismus noch nirgendwo ein Religionskrieg stattgefunden hat. Des Weiteren habe ich deinen Worten entnommen, dass du versuchst, die Naturgesetze zu erkennen, die wir im Buddhismus *dharma* nennen. Das wichtigste dieser Gesetze hast du bereits genannt. In den Worten von Prinz Siddharta Gautama, dem späteren Buddha: ‚Alles Gewordene ist nicht dauerhaft. Wer dies weise und klar durchschaut, wird von allem Leiden frei.' Was für ein Heilsversprechen! Das bedeutet nichts anderes als die Erlösung.« Hier hielt Nantopol Limpatyakrom inne und blickte erneut hinab auf die Stadt, die sich bis zum Horizont vor uns ausbreitete.

»Genau das macht unser Leben so spannend, richtig?« warf ich ein, weil ich weiterhin sein Lob für meine Begründung des Reisens einheimsen wollte und nicht einsah, dass er mir die zweite Hälfte davon entzog, weil er von seinem Bangkok abgelenkt wurde.

»So ist es, mein Freund«, bestätigte er. »Ein weiteres zentrales Gesetz ist *anatman*, das besagt, dass nichts unabhängig von anderem existiert. Das hast du angedeutet, indem du gesagt hast, dass es um die Symbiose von Kulturen und Lebensentwürfen gehe. Auch der Überzeugung, dass alles mit allem in Balance stehen sollte, hast du Ausdruck verliehen. Ausgewogenheit ist ein Grundprinzip unseres Glaubens, weil sie Harmonie erzeugen kann. Und genau wie du sehen wir unser Leben am ehesten als Gefäß, das wir sinnvoll auffüllen wollen – in unserem Fall, um dem ewigen Kreislauf des Leidens und der Wiedergeburt zu entkommen.«

»In unserem System benötigt man hingegen immer mehr: Um zu funktionieren, brauchen wir mehr Investitionen, mehr Umsatz, mehr Nachfrage, mehr Zielgruppenrelevanz. Das Immer-mehr ist das Mantra, das unsere Wirtschaft, unsere Gesellschaft am Laufen hält. Vielleicht täte uns ein wenig buddhistisches Denken ganz gut. Dann würden wir uns wohl nicht mehr so sehr von immer neuen Wünschen und Zielen vorwärtshetzen lassen.«

»Und könnten dafür die Umstände unseres Lebens selbst gestalten. Zum Gestalten braucht man Zeit. Und die muss man sich nehmen«, brachte er meine Gedanken zu ihrem logischen Schluss. Ich blickte Nantopol Limpatyakrom an und fragte mich, warum er Taxifahrer war, statt Vorträge an europäischen Universitäten zu halten. Er musste meine Bewunderung bemerkt haben, denn er lächelte bescheiden. »Wie du siehst, haben mein Buddhismus und deine Reisen einiges gemeinsam. Beide gehen davon aus, dass man vieles nicht kennt, nicht gesehen hat. Es ist genau wie in dem Gleichnis mit den Blinden und dem Elefanten.«

»Aha«, machte ich wenig überzeugend, »haben die armen Blinden den Elefanten nicht bemerkt?«

»So ähnlich. Einer der Blinden bekam einen Fuß des Elefanten zu fassen, ein zweiter betastete das Ohr, ein dritter berührte den Rüssel. Als man sie bat, zu beschreiben, was vor ihnen stand, sagte der erste, dass es sich um einen Baumstamm handele. Nein, keineswegs, widersprach der zweite, der das Ohr berührte, das Ding ähnele viel eher einem Segeltuch. Aber nein, komplettierte der dritte, was vor ihm stand fühle sich an wie eine Würgeschlange. Genauso geht es uns bei der Suche nach Erkenntnis. Der Buddhismus und das Reisen wollen unsere Perspektive weiten, uns den ganzen Elefanten erkennen lassen. Und die einzige Voraussetzung dafür ist, zu wissen, dass man glaubt, statt zu glauben, dass man weiß. Dann tut man automatisch das Naheliegende, statt sich ablenken zu lassen. Weißt du als Reisender auch, was aus der Nichtdauer jedes Zustands folgt?« Nantopol Limpatyakrom drehte sich zu mir um und sah mir neugierig in die Augen. Ich räusperte mich.

»Nun, daraus folgt wohl in erster Linie, dass jeder Augenblick einzigartig und damit wertvoll ist«, versuchte ich mein Glück, woraufhin mir Nantopol Limpatyakrom anerkennend auf die Schulter klopfte.

»Das ist eine weitere Quintessenz des buddhistischen Glaubens. Denn unsere wahre Heimat ist das Jetzt, wie bereits …«

»… wie bereits Thich Nhat Hanh gesagt hat, der berühmte vietnamesische Zen-Mönch, der übrigens sehr schöne Gedichte verfasst hat«, gab ich bekannt und lächelte zuckersüß. Kurz vor meiner Abfahrt hatte ich zwei Bücher dieses Autors gelesen. »Was du vorhin *anatman* genannt hast, bezeichnete er als *interbeing*. Gemeint ist die Verwobenheit aller Phänomene, also die Tatsache, dass sich die Bedeutung jedes Einzelnen erst durch dessen Beziehungen ergibt.«

»Gar nicht schlecht – für einen Farang«, behauptete mein Gesprächspartner grinsend. »Natürlich ist das erst der Anfang gewesen. Noch haben wir weder über die Vier Edlen Wahrheiten noch über den Edlen Achtfältigen Pfad gesprochen. Von der Weiterentwicklung der buddhistischen Lehre und der Aufspaltung in Mahayana und Theravada ganz zu schweigen.«

»Schon gut, schon gut«, beschwichtigte ich ihn lachend. »Ich sehe ein, dass ich durch unser Gespräch höchstens eine Ohrspitze des buddhistischen Elefanten zu fassen bekommen habe. Auch wenn es dir nicht gefällt, schlage ich vor, dass wir jetzt das Naheliegende tun und diese steilen Stufen wieder hinabgehen.«

In der von hohen Mauern umschlossenen Märchenwelt des thailändischen Königspalasts kamen wir rasch auf andere Gedanken. Zehn Meter hohe *yaksas*, Dämonen aus Stein, hielten potenzielle Räuber fern; mit Gold, Bronze und Perlmutt geschmückte *kinnaras*, Chimären aus Mensch und Vogel, stützten Tempelmauern. Im gesamten Innenhof waren Szenen aus dem indischen Heldenepos »Ramayana« nachgestellt, in dem König Rama, Prinzessin Sita und der Affengeneral Hanuman gegen den Dämonenkönig Ravana kämpfen. Inmitten all dieser Pracht befand sich der Smaragdbuddha, die meistverehrte Statue Thailands. Rund um die Uhr passen Wächter auf, dass kein Besucher mit den Füßen auf die Statue zeigt oder sie zu fotografieren versucht.

»Der Überlieferung zufolge hat Buddha gesagt, dass keine Bildnisse von ihm entstehen sollen, damit sich die Menschen auf die Lehre konzentrieren können«, rief mir Nantopol Limpatyakrom durch das Gemurmel der Touristen und die mehrsprachigen Erklärungen der Reiseführer hindurch zu. »Darum existierten zunächst nur Sinnbilder, beispielsweise der Feigenbaum für die Nacht der Erleuchtung und das Rad der Lehre für die erste Unterweisung der Jünger. Erst ab etwa 150 vor Christus, nach unserer Zeitrechnung also etwa im Jahr 400, wurden die ersten Buddhastatuen erstellt. Das waren idealisierte Figuren, ein Ergebnis indischer, persischer und, dank Alexander dem Großen, auch römisch-griechischer Einflüsse. Bis heute orientieren sich die Buddhastatuen daran. Allen gemeinsam ist der Hinweis auf die drei Indizien, die andeuten, dass ein Mensch zu Großem berufen ist: Lange Ohrläppchen als Zeichen fürstlichen Standes, ein spitz zulaufender Kopf und das Auge der Weisheit, ein Mal zwischen den Augenbrauen.«

Bis nach Sonnenuntergang zeigte mir Nantopol Limpatyakrom die interessantesten Ecken seines Bangkoks. Pünktlich um elf lieferte er mich bei der Bruchbude am geografisch günstigen Südrand der Stadt ab, von der es am nächsten Morgen weitergehen sollte. Für die vergangenen zwölf Stunden verlangte er einen Preis, für den ich daheim einmal richtig Abendessen hätte gehen können.

In meinem Zimmer setzte ich mich auf das bettähnliche Holzgestell und ließ die Eindrücke des Tages Revue passieren. Als ich kurz vor Mitternacht meine Gedanken geordnet hatte und mich Schlafen legen wollte, setzte unvermittelt Musik in erstaunlicher Lautstärke ein. Zunächst dachte ich an ein Versehen, doch dann füllten sich die Räume neben meinem. Ab diesem Zeitpunkt kam alle dreißig Minuten ein knatterndes Moped vor der offenen Tür unserer Bruchbude zum Stehen. Der jeweilige Fahrer rief etwas, wenn er das Gebäude betrat. Dennoch begriff ich erst, als es um mich herum laut wurde, um was für eine Art Etablissement es sich handelte.

Links von mir befand sich der Arbeitsraum von Lin oder Ling. Das wusste ich, weil ihr erster Besucher diesen Namen mit wachsender Begeisterung immer wieder gerufen hatte. Lin oder Ling war eigentlich ganz in Ordnung. Sie keuchte mit höflicher Zurückhaltung, als wisse sie, dass direkt neben ihrem Arbeitsplatz eine verrückte Langnase gerne schlafen würde, weil sie sich in weniger als sechs Stunden auf die Weiterfahrt nach Singapur machen wollte.

Wenn nur ihre Kollegin nicht wäre! Sie bewohnte nachts das Zimmer rechts von meinem und nahm ihren Job sehr ernst. Jeweils eine halbe Stunde lang quietschte und kreischte sie, während Lin oder Ling meist nur die Hälfte dieser Zeit in Anspruch nahm. Zudem tönten mir von rechts ohne Unterlass thailändische Satzfetzen entgegen, die sich mit bemerkenswerter Präzision wiederholten. Die Konversation schien sich auf die wesentlichen Informationen zu beschränken. Die Tatsache, dass die Wände der Zimmer nicht bis zur Decke reichten, sondern jeweils einen Meter davor aufhörten, kam meinem Schlaf nicht zugute. Die thailändischen Mopedfahrer schienen das Programm dagegen durchweg zu genießen. Die Bruchbude erfreute sich sogar großer Beliebtheit, und es würde mich nicht wundern, wenn sie die meistfrequentierte ihrer Art in Südbangkok war. Vielleicht war sie auch einfach die billigste. Immerhin hatte mir der Angestellte das Zimmer für umgerechnet vier Dollar überlassen und damit vermutlich mehr verdient als bei einer Vermietung an Lin oder eine ihrer Kolleginnen mit deren wechselnden Partnern. Die Thailänder legten sich wirklich ins Zeug, um ihrem Ruf als Eldorado des käuflichen Sex gerecht zu werden.

Ich stopfte Watte in die Ohren, umhüllte meinen Kopf mit zwei Pullovern. Dennoch schreckte ich mehrmals aus dem Schlaf hoch. Dreimal rüttelte jemand wild an meiner Tür, mehrfach schrie die Dame zu meiner Rechten laut auf, ertönte raues Männerlachen vom Eingang her, brachte das nach wie vor voll aufgedrehte Radio eine neue Werbemelodie. Als ich mich am nächsten Morgen um sechs Uhr aus dem Etablissement stahl, mein SMIKE startklar machte und einen Blick zurück auf die Bruchbude warf, kamen mir erneut einige Zeilen von Murray Head in den Sinn:

»One night in Bangkok and the tough guys tumble,

can't be too careful with your company.

I can feel the devil walking next to me!«

Anderthalbtausend Kilometer fehlten noch bis Singapur. Anderthalbtausend Kilometer in zwei Wochen; das war wohl das, was man ein ehrgeiziges Programm nennt.

Von Bangkok nach Kuala Lumpur

Das dritte Kapitel, das verdeutlicht, wie wichtig die Formulierung *same same* sein kann, warum Männer unvernünftige Dinge tun und inwiefern Malaysias Reichtum auf die Nachlässigkeit brasilianischer Zöllner zurückzuführen ist

Die Unvernunft der Männer

Hitze.

Schwüle Hitze.

Hitze, die vom Boden aufsteigt, von den Hügeln herabkriecht.

Hitze, die alle Poren der Haut öffnet.

Hitze, die sich um einen legt wie eine Zwangsjacke.

Hitze wie ein nasses Handtuch in der Sauna.

Seit ich Bangkok verlassen hatte, waren die Bedingungen zunehmend tropisch geworden. Kokosnüsse fielen neben der Straße zu Boden. Linkerhand erstreckten sich kilometerweit Gummibaumplantagen. Mehrmals täglich ringelte sich eine Schlange die Straße entlang. Meine Kekse teilte ich während mancher Pause mit Makaken, die aus den angrenzenden Wäldern gekommen waren.

Bereits eine Stunde nach meinem Aufbruch aus Bangkok war ich schweißgebadet. Eine halbe Stunde später hatte sich das T-Shirt wie eine zweite Haut um mich gelegt. Es kam mir vor, als zöge ich einen Streifen Schweiß hinter mir her. Dabei war es erst kurz nach neun Uhr morgens. Hunger würde ich dafür von hier an keinen mehr haben müssen. Ich aß dreimal täglich warm, schob mir in diversen Pausen Kekse, ja ganze Schokoladentafeln zwischen die Zähne und goss literweise Eistee hinterher. In Singapur würde ich dennoch zehn Kilogramm Körpergewicht verloren haben. Mein Wasserkonsum war auf acht Liter täglich gestiegen. Doch trotz der ungünstigen klimatischen Bedingungen kam ich gut voran. Einhundertzwanzig bis einhundertfünfzig Kilometer ließ ich von nun an täglich hinter mir.

Je weiter südlich ich kam, desto mehr Männer hatten etwas Rebellisches an sich. Herausfordernd schauten sie mich an. Die Frauen grüßten mich mit Augenaufschlägen; ihre Kopftücher wehten im Wind, wenn sie auf ihren Mopeds an mir vorbeifuhren. Die Verkäufer bewegten sich zackiger als im Norden. Niemand verbeugte sich mehr, wenn er etwas sagte. Mit jedem Kilometer verlor der Buddhismus an Kraft. Das islamisch geprägte Malaysia kündigte sich an.

Zumindest eine Sache, die ich von Nordthailand kannte, blieb hingegen gleich. In Deutschland stellt die Hupe eines Autos oder Motorrads ein Warnsignal dar, das eine akute Gefahrensituation anzeigt. In Thailand, das war mir bereits auf den ersten Metern in diesem Land klargeworden, ist die Hupe hingegen ein vielseitig einsetzbares Multifunktionsinstrument. Sie wird betätigt, um andere Verkehrsteilnehmer zu begrüßen und zu verabschieden. Ein thailändischer Autofahrer hupt grundsätzlich, bevor er überholen will, während er überholt, und nachdem er überholt hat. Er hupt zudem, wenn er selbst überholt wird – und generell vor, in und nach einer Kurve. Die Hupe dient auch gern als Blinker- und als Bremsersatz. Und etliche Verkehrsteilnehmer, davon war ich täglich fester überzeugt, betätigen dieses Instrument, um sich davon zu überzeugen, dass das wichtigste Teil ihres Fahrzeugs noch funktioniert.

Für einen Rikschisten ist es vor diesem Hintergrund nicht immer leicht, sich gegenüber der motorisierten Konkurrenz durchzusetzen. Trotzdem hatte ich meinen Rhythmus gefunden: Zügig, doch ohne allzu große Anstrengung, ließ ich die Pedalen meines SMIKE rotieren. Meine Gedanken hatten sich perfekt zwischen Konzentration und Abschweifung eingependelt. In den Momenten, in denen es darauf ankam, war ich grundsätzlich voll und ganz präsent.

Ich bekam kaum mit, wie lange ich auf diese Weise von Bangkok aus südwärts fuhr. Irgendwann lockerte die Sonne ihren Schwitzkasten und neigte sich im Westen der Erde zu. Pflanzen und Tiere atmeten auf. Unvermittelt gelangte ich zu einem Ausfahrtschild, auf dem groß »Phetchaburi« stand. Bangkok lag einhundertdreißig Kilometer hinter mir.

Die Stadt erwartete mich mit pittoresken Gassen, in die Tempel und Pagoden eingestreut waren. Zwei Stunden lang strich ich durch Phetchaburi, bewunderte die in buddhistischer Art verspielt verzierten Sakralbauwerke und verteidigte mein

Abendbrot gegen eine Horde Makaken. In der buddhistischen Mythologie kämpfen Affen meist auf der Seite von weisen Königen, edlen Prinzen und betörend schönen Prinzessinnen gegen üble Dämonen. Vielleicht unternimmt man aus diesem Grund nichts gegen sie, obwohl sie in Phetchaburi teilweise bereits zur Plage geworden sind.

Alles hatte so gut begonnen am nächsten Tag, der zum anstrengendsten meiner Reise werden sollte. Frisch ausgeruht schlüpfte ich aus meinem Mosquito Dome, den ich seit meiner Abfahrt jeden Abend aufbaute. Phetchaburi lag noch im Schlaf. Nicht einmal ein Affe ließ sich blicken, als ich mein SMIKE leise aus der Garage schob und aufsaß. Die Übernachtung in einem Zwei-Sterne-Hotel hatte mir gutgetan; die ersten achtzig Kilometer vergingen wie im Flug. Ich benötigte lediglich eine einzige Pause, für die ich mir eine Tankstelle ausgesucht hatte. Ein wenig einladender Ort, mögen thailandunerfahrene Europäer anmerken, die an betongraue Läden, mürrische Tankwarte und unfassbare Benzinpreise gewöhnt sind. Doch in Thailand ähneln viele Tankstellen einem quirligen, bunten Markt, auf dem man zufällig auch Benzin kaufen kann. Eine Armada an Verkaufsständen erwartete mich kurz hinter Phetchaburi. Das kulinarische Angebot wies den unschätzbaren Vorteil auf, dass es offen auslag und ich auf das jeweils Gewünschte zeigen konnte, was mir manche Diskussion darüber, wie das Wort *kao*, Reis, korrekt ausgesprochen wird, erspart haben dürfte. Als ich anschließend unter das Dach der Tankstelle fuhr, sprangen zehn Bedienstete wie auf Kommando auf, ließen ihre benzinsprudelnden Zapfhähne in den Tanks stecken und applaudierten. »Very strong!« ließ ein Männchen vernehmen, das eine Goldkette um den Hals trug, und streckte beide Daumen nach oben. Seine Kollegen nickten eifrig. Ich grinste bis über beide Ohren und genoss es, mit stehenden Ovationen empfangen zu werden.

Keine Stunde nach der Ego-Streicheleinheit brach unvermittelt Murphys Gesetz über mich herein, demzufolge schiefläuft, was schieflaufen kann. Es begann damit, dass meinen Pedalen in einer besonders engen Kurve ohne Vorwarnung der Widerstand entzogen wurde. Über zweitausend Kilometer hatten sie ihren Dienst vollbracht, mein SMIKE und mich unermüdlich vorwärtsgeschoben, über die Steine von Laos hinweg, durch den Staub von Kambodscha und in irrwitzigem Tempo durch Nordthailand hindurch. Jetzt hatten sie beschlossen, in unbefristeten Streik zu treten. Ich sprang ab und sah mir die Schererei an. Die Kette hatte sich gelöst und baumelte schlapp in der Luft. Kein Problem, dachte ich, die habe ich schnell wieder montiert. Doch während ich meine Finger mit Öl besudelte, merkte ich, dass mit dem gesamten Hinterrad etwas nicht stimmte. Es ließ sich mühelos seitlich hin- und herbewegen, während es doch lediglich drehenderweise flexibel sein sollte. Offensichtlich hatte es sich aus der Halterung gelöst. Schmerzlich vermisste ich die entscheidende Schraube, die ich zur Fixierung des Hinterrads benötigte, und die sich vermutlich in einem der Schlaglöcher befand, die sich hinter mir aufreihten. In Gedanken ging ich die mitgeführten Ersatzteile durch: ein zweiter Sattel, den ich nie brauchen würde, schwere Eisenteile, falls die Originale brechen sollten, was ebenfalls niemals der Fall sein sollte, diverse Schraubenzieher und Kleinkram. Die ersehnte Schraube war nicht dabei.

Was blieb mir anderes übrig, als das sechzig Kilogramm schwere SMIKE in der Mittagshitze durch Südthailand zu schieben? Eine Stunde schwitzte und keuchte und kroch ich voran, dann gelangte ich zu einer Bretterbude, aus der ein vielversprechendes Klopfen zu mir drang. Als mich der Mechaniker erblickte, ließ er den Schraubenzieher fallen, mit dem er eben noch an einem schrottreifen Moped herumhantiert hatte, und warf einen geübten Blick auf meine Rikscha. Noch bevor ich erklären konnte, was mir widerfahren war, hielt er das Hinterrad meines SMIKE in den Händen. Er klopfte auf dem Rumpf herum, fixierte die Kette neu und montierte das Hinterrad schließlich mit Hilfe der alles entscheidenden Schraube besonders fest.

Damit war mein SMIKE wieder fahrtüchtig, ohne dass ein einziges erklärendes Wort nötig gewesen wäre. Bereitwillig griff ich zu meinem Geldbeutel, um dieses beeindruckende Exempel thailändischer Handwerkskunst gebührend zu entlohnen. Doch der Mechaniker hob abwehrend die ölverschmierten Hände und zeigte lachend auf mein SMIKE, als wolle er sagen, dass das ja wohl eine Lappalie gewesen sei.

Unter Verbeugungen verließ ich die Bretterbude. Als ich draußen war und aufsteigen wollte, fiel mir noch etwas ein. Ich ging zurück zu dem ölverschmierten Mechaniker und konnte es kaum glauben: Er hielt mir die Ersatzschraube, nach der ich fragen wollte, bereits entgegen. Entweder verfügten in Thailand einige Taxifahrer und Mechaniker über einen gespenstisch hohen IQ, oder mein Gegenüber konnte schlichtweg Gedanken lesen.

Doch meine Probleme hatten mit dem zeitweiligen Auseinanderdriften von Hinterrad und Halterung erst begonnen. Rückblickend kommt es mir vor, als warteten sie entlang der Wegstrecke auf mich.

Einhundertundfünf Kilometer bis Prachuap Khiri Khan, stand unverrückbar auf dem Wegweiser keine fünfzig Meter hinter der Bretterbude. Ich musste dreimal nachlesen, um es zu glauben. Achtzig Kilometer lagen hinter mir. Ich hatte angenommen, dass es zwei Drittel der Wegstrecke gewesen sein mussten. Nun wurde mir schlagartig klar, dass ich nicht einmal die Hälfte des Tagwerks geschafft hatte!

Einhundertfünfundachtzig Kilometer auf einer sechzig Kilogramm schweren Rikscha, bei tropischen Bedingungen, war das überhaupt zu schaffen? Vor Prachuap Khiri Khan, das wusste ich, würde sich mir keine adäquate Übernachtungsmöglichkeit bieten.

In der Stunde, in der ich die Rikscha zur Bretterbude geschoben hatte, waren die weißgrauen Wolkenfäden über mir zu dunklen Figuren verschmolzen. Ein Wind hatte sich vom Boden erhoben, den es meinem Reiseführer zufolge nicht geben durfte.

Der sprach schwärmerisch von der »angenehm leichten Brise, die stets von Nordosten her weht«, während der Wind den Status einer leichten Brise definitiv hinter sich gelassen hatte und stur gegen meine Fahrtrichtung blies. Eine halbe Stunde später begannen die thailändischen Flaggen am Straßenrand im Sturm zu knallen wie Pistolenschüsse. Gruppen von Blättern huschten über die Straße. Die Bäume neigten sich über die Fahrbahn, als wollten sie sehen, was für ein Verrückter unter diesen Bedingungen hier entlangfuhr. Die Fahnenmasten pendelten hin und her. Staub und Dreck erhoben sich aus den Straßengräben. Ein Stück Holz, zur Fahrbahnmarkierung angebracht, sprang zur Seite und kollidierte mit meinem neu montierten Hinterrad. Böen hoben mich aus dem Sattel. Und plötzlich geschah es.

Entweder hatte ich mir mit den ölverschmierten Fingern ins linke Auge gefasst, oder der Sturm hatte dort etwas abgelegt, was eigentlich in die thailändische Luft oder auf die Straße unter mir gehörte. Ein heftiger Schmerz schoss vom Auge durch den linken Nasenflügel, hinauf in meine linke Schläfe und von dort aus weiter in meinen Kopf, den er sofort als sein Revier reklamierte. Ich schrie auf, meine Hände klammerten sich reflexartig um die Bremshebel. Das Geräusch von Gummi, der sich von den Reifen löste und Liebesbeziehungen mit dem Straßenasphalt einging, trug nicht unmittelbar zur Minderung meines Kopfschmerzes bei. Ich sprang in den Straßengraben, duckte mich, um vor dem Wind geschützt zu sein, kramte unter Tränen nach dem Toilettenpapier, das ich in meinen Rucksack gestopft hatte. Mit dem gesunden Auge musterte ich argwöhnisch den Verkehr, der ungerührt an meinem SMIKE vorbeizog. Alles Reiben half nichts. Mein linkes Auge tränte und brannte wie Feuer, während der Wind weiterhin Staubkörner nach ihm warf. Neunzig Kilometer fehlten noch bis Prachuap Khiri Khan, und jetzt musste ich es erreichen; ich musste Apotheken und notfalls einen Arzt in der Nähe haben. Mir blieb vorerst nichts anderes übrig, als das linke Auge zuzukneifen und einäugig weiterzufahren, immer dem Sturm entgegen, der mich weiterhin von meinem Ziel wegpusten wollte. Nach dreißig Kilometern war ich am Ende meiner Kräfte angelangt. Ich steuerte eine Tankstelle an und überlegte, was nun zu tun sei.

Was veranlasst jemanden, am gefühlten Ende seiner Kräfte weiterzumachen, bis er ein gesetztes Ziel erreicht hat? Woher stammt die Neugier, seine Grenzen kennenzulernen? Kann man sie durch unvernünftige Aktionen, wie ich sie vor mir hatte, wirklich von sich wegschieben? Oder waren sie in Wahrheit vielleicht niemals so nahe gewesen, wie man vermutet hatte? Ahnen wir vielleicht sogar, dass wir über Energiereserven verfügen, die wir im Alltag beinahe vergessen, von denen uns jedoch eine Erinnerung durch die Generationen hindurch weitergereicht wird, eine Erinnerung an den Moment, in dem ein Raubtier den Eingang der Höhle verdunkelt, in der wir Zuflucht gefunden haben? Ist die Lust am Austesten von Grenzen, die Neugier auf Wege, die niemand vor uns begangen hat, nicht ein Trumpf im evolutionären Prozess von Mutation und Anpassung?

Gott weiß, aus welchem Winkel meiner Seele ich plötzlich eine neue Zuversicht kramte, eben in jenem Moment, als die körperlichen Schmerzen Koalitionen mit den widrigen Bedingungen eingingen. Gerade das Zusammentreffen mehrerer ungünstiger Faktoren hatte einen Trotz in mir entfacht, der vermutlich aus der Zeit stammte, als mir im Sandkasten ein Stärkerer die Schaufel entrissen hatte und ich mit bloßen Händen umso tiefer buddelte, um ihn am Ende trotzdem besiegt zu haben.

Für einen behaarten, weißhäutigen Exoten wie mich wäre es ein Leichtes gewesen, einen der vielen Pickups anzuhalten, mein SMIKE aufzuladen und mich zu meinem Ziel fahren zu lassen. Stattdessen hatte ich beschlossen, die fehlenden neunzig Kilometer ohne anzuhalten und ohne mich noch einmal umzudrehen durchzufahren – viereinhalb Stunden einäugig gegen den strammen Wind, der sich weiterhin einen Dreck um die Angaben meines Reiseführers scherte.

Um halb sieben Uhr abends kam ich in Prachuap Khiri Khan an. Kraft war es nicht gewesen, was mich an diesem Tag dorthin gebracht hatte. Es war die spontane Verbrüderung meines Bewegungsdrangs mit einem Rückfall in kindisches Trotzverhalten gewesen, die eine Mischung hatte entstehen lassen, die man, je nach Gesinnung, entweder Tollkühnheit oder schlicht Dummheit nennen kann.

Meine Knie waren weich wie Butter, meine Oberschenkel protestierten bei jedem Schritt, als ich, vollbepackt mit Rucksack und Reisetasche, einem höflich lächelnden Bediensteten die Treppen hinauf in den vierten Stock eines Mittelklassehotels folgte. Schweiß rann mir die Arminnenseiten herab, mein Herz klopfte bis zum Hals, der seinerseits seit drei Stunden nach Wasser verlangte, das ich ihm weiterhin verwehrte, als ich meinen Rucksack ablegte. Mein linkes Auge warf Tränen auf das tadellose Betttuch, beide Hände waren aufgeschürft vom Halten des Lenkers über die heutigen zwölf Stunden hinweg. Mein Magen knurrte wie ein Rudel Wölfe, alle Muskeln meines Körpers waren bis zur Verkrampfung angespannt, als ich mich rücklings aufs Bett fallen ließ. Ich fühlte Schmerzen an Körperstellen, die ich niemals zuvor wahrgenommen hatte – und ich war der glücklichste Mensch auf Erden. So sind wir Männer eben.

Iu ken steii andel mei amblella!

Am nächsten Morgen ließ ich mich von einer dauerlächelnden Thailänderin nach Bang Saphan Noi fahren. Dort suchte ich einen Augenarzt auf, der mir bescheinigte, dass ich weiterfahren konnte. Chumphon, die nächstgelegene Stadt, befand sich achtzig Kilometer südlich von hier. Ich plünderte noch schnell die Vorräte an gezuckertem Obst, die der Doktor unvorsichtigerweise im Wartezimmer bereitstehen hatte, dann schwang ich mich auf das SMIKE und machte mich erneut auf den Weg die thailändische Ostküste hinab nach Süden, immer auf die malaysische Grenze zu.

Die Landschaft reihte Hügel an Hügel. Kaum war es mir vergönnt, ein bis zwei Minuten bergab zu rollen, schob sie mir einen Hang in den Weg, an dem ich eine halbe Stunde lang festhing. Diese Frequenz würde mich bis Chumphon begleiten. Gerade noch vor Einbruch der Nacht radelte ich dort ein und steuerte auf ein zwanzigstöckiges Hotel zu.

In einem benachbarten Restaurant, das aus einer Theke, drei Tischen mit jeweils zwei Stühlen und einer knapp anderthalb Meter großen Inhaberin bestand, bestellte ich das Tagesmenü. Daraufhin verließ meine Gastgeberin das Restaurant, lief über die Straße, verschwand in einer Seitengasse und kehrte fünf Minuten später mit dem Bestellten zurück. Vermutlich holte sie die Speisen aus einem nahe gelegenen Restaurant, einer größeren Dependence vielleicht, vielleicht wohnte sie auch nebenan und unterhielt zu Hause eine Kochschule. Jedenfalls stellte sie zunächst eine *Tom Yam Gung* auf meinen Tisch. Hinter diesem Begriff verbirgt sich eine wohlschmeckende Garnelensuppe. Aus Erfahrung hatte ich gelernt, dass die länglichen grünen Streifen, die im Suppensud schwammen, keineswegs Bohnen sind, sondern zu den schärfsten Chilisorten gehören, die auf diesem Planeten wachsen. Sie sind auch schärfer als ihre roten und gelben Artgenossen – weshalb *Gaeng Khiao Whan Gai*, das traditionelle thailändische grüne Hühnercurry, alle Maßstäbe einer europäischen Schärfeskala nach oben korrigiert. *Gaeng Massaman* und *Gaeng Gari*, rotes und gelbes Curry also, waren hingegen einfach nur scharf, ohne akute Gefahr für Leib und Leben eines Mitteleuropäers. Ich war froh, dass die Inhaberin ein gelbes Curry für mich ausgesucht hatte. Offensichtlich hatte sie Erfahrung mit ausländischen Gästen. Das Essen war – wie in Asien üblich – großzügig mit Koriander, Knoblauch, Ingwer, Pfefferkörnern, Schalotten, Garnelen, Basilikum und Kaffirblättern, einer besonders aromatischen Zitronenart, angereichert. Unglücklicherweise war es, was die Menge betraf, eher auf die

Bedürfnisse eines thailändischen Mopedfahrers als auf jene eines europäischen Rikschisten ausgerichtet. Als meine Gastgeberin einen – ebenfalls kleinen – Fernseher anschaltete, deutete ich deshalb auf meinen leergegessenen Teller, lächelte sie freundlich an und sagte, halb fragend, halb bittend: »Same same.« Diese Floskel war so etwas wie der kleinste gemeinsame Nenner, auf den sich die Fremdsprachenkenntnisse von Thailändern und Touristen bringen ließen. T-Shirts, die diese Floskel großgeschrieben auf der Vorderseite trugen, waren ein Verkaufshit bis weit nach Kambodscha hinein. Auf ihrer Rückseite stand, ebenso großgeschrieben, die Fortsetzung »but different«.

Meine Gastgeberin lächelte denn auch verständnisvoll, nickte kurz und verließ, wie mir schien mit einem gewissen Stolz, den Laden, um mir anschließend eine weitere Portion Curry zu bringen. In der Zwischenzeit hatte ich Gelegenheit, eine Kostprobe thailändischer Fernsehsendungen zu erhalten. Unterbrochen von gelegentlichem Rauschen sendete das flimmernde Quadrat über mir, vom Kabel kurz unterhalb der Decke gehalten, in schneller Abfolge Huldigungen des Königs, unterbrochen von Vorschauen auf kindisch anmutende Spielsendungen, bei denen sich dürre Männchen für hübsche Damen zum Affen machten. Als meine Gastgeberin mit der erhofften zweiten Portion zurückkam, wechselte das Programm zu dem, was man hierzulande unter Musik verstand.

Die Südamerikaner haben ihre feurigen Rhythmen und Tänze, in Europa wurden die großen Stücke der Klassik geschrieben, die traurigen Männer haben den Blues, und halbe Kinder in Schlabberklamotten hören Rap und Hip-Hop, weil der so schön gefährlich klingt. Überall gibt es verschiedene Auffassungen von Musik. In Südostasien, so schien mir, bedeutete Musik so viel wie Karaoke. Nirgendwo sonst hat das Nachsingen bekannter Lieder dermaßen viele Anhänger. Das Restaurant füllte sich auch bald mit einer Vierergruppe, bebrillt und in Anzügen, die ihre Aktenkoffer auf dem Fußboden abstellten. Für mich sehen Asiaten grundsätzlich aus, als seien sie gerade auf dem Weg zur

Arbeit oder kämen von dort. Ich bin von Leuten um Geld gebeten worden, die man in Deutschland für Unternehmensberater gehalten hätte. Binnen Minuten mutierten die vier Neuankömmlinge zu Nachwuchspopstars. Mit theatralischen Gesten interpretierten sie englischsprachige Lieder, von denen sie kein Wort verstanden. Sie hatten sich jeweils ein Glas Bier bestellt, an dem sie von Zeit zu Zeit nippten.

Jetzt kam richtig Schwung in die enge Bude. »My loneliness is killing me«, intonierte einer der vier mit unbeschreiblichem Akzent einen Hit von Britney Spears. Seine Stimme klang dünn, als traute er sich nicht, sie voll einzusetzen, und zuweilen verfehlte er einen Ton und stocherte auf der Suche nach ihm innerhalb einer Terz herum. Die Aussprache verfehlte er eher um mehrere Oktaven. Nicht selten musste ich auf den Monitor schauen, wo in der Regel eine beliebige Sängerin in knappem Outfit Hüftbewegungen vollführte, um zu erkennen, um welches Lied es sich handelte. Kaum hatte ich die zweite Portion verdrückt, stürzte ein Postbote herein, grüßte die Gastgeberin mit einem Satz, der klang wie: »Chii lii fa lii chii«, und ich fragte mich einen Moment lang, ob er damit vielleicht Chili und Litschis bei ihr bestellte. Stattdessen legte er ihr einen Brief auf den Tisch.

»Iu ken steii andel mei amblella«, boten ihm die vier Sänger an, ohne es zu wissen.

»Same same«, krähte ich derweil fröhlich vom Nachbartisch.

Vermutlich war es ein denkwürdiger Abend für die Restaurantbesitzerin. Für mich war er in erster Linie hilfreich. Das dreifache Abendessen hatte mich gestärkt und würde dafür sorgen, dass ich meine gute Form am nächsten Morgen wiedererlangte.

Einhundertfünfundvierzig Kilometer trennten mich von der Kleinstadt Chaiya. Dieser Tag sollte zu den schönsten meiner Reise gehören. Ananasfelder auf beiden Seiten der Straße wechselten sich mit Gummibaumplantagen ab. In den eingestreuten Wäldchen wucherten Orchideen auf tropischen Baumriesen. Ab und an begegneten mir Arbeiter, deren breites Lächeln Mut machte. Fuhr ich durch ein Dorf, sah ich kleine Schreine, aufgereiht am Straßenrand, davor jeweils eine Schale Reis und eine Limonade, um die Bewohner, die Geister, gütig zu stimmen.

Der Glaube an Hausgeister, Glückszahlen und böse Prophezeiungen vereint die sechzig Millionen Thailänder, egal ob sie buddhistisch, muslimisch oder christlich sind. Er zeichnete bereits die Mon, die Khmer und die Srivijaya aus, die vor den Thai in diesem Gebiet lebten.

Vermutlich flohen die Thai einst vor den Truppen des Mongolenherrschers Kublai Khan, okkupierten daraufhin das heutige Nordthailand und gründeten Funan, das älteste Königreich Südostasiens. Einzelheiten aus jener Zeit sind nicht überliefert, da die Birmanen vor etwa zweihundert Jahren die Bibliothek in Ayutthaya zerstörten. Als König Taksin 1782 wegen Wahnsinns hingerichtet wurde, ordnete sein Nachfolger, General Chao Phraya Chakri, an, den Regierungssitz von Ayutthaya nach Bangkok zu verlegen.

Rama IX., der heutige König, wurde bereits 1946 inthronisiert. Bis heute hat er siebzehn Staatsstreiche überstanden. Mehrfach setzte er sich aktiv für die Benachteiligten ein, insbesondere für die Bergvölker im Norden. Als die Studentenrevolte von 1973 vom Militärregime niedergeschlagen wurde, ließ er die Tore seines Palastes öffnen, um demonstrierenden Studenten Schutz vor den Soldaten zu gewähren. Und als Thailand 1992 kurz vor einem Bürgerkrieg stand, ließ er die Anführer beider Seiten zu sich kommen. Auf Knien näherten sich die beiden Kriegsherren ihrem König – ein Bild, das genug Aussagekraft besaß, um die Situation zu entschärfen. Unter der Oberfläche und hinter dem Lächeln der Menschen verborgen schwelt und rumort es jedoch in Thailand weiterhin – wie ich bald erfahren sollte.

Einstweilen waren die Bedingungen, zum ersten Mal seit meinem Aufbruch von Bangkok, nahezu ideal. Mächtige Wolken nahmen der Sonne einen Großteil ihrer Kraft, ohne jedoch abzuregnen. Der Wind sorgte dafür, dass sich Baumblätter aneinanderschmiegten, rüttelte jedoch nicht an den Ästen, wie er es noch vor zwei Tagen getan hatte. Locker ging mir die Strecke von der Hand. Die meiste Zeit verbrachte ich damit, die Umgebung zu betrachten, in der sich Kokospalmen und Kaffeesträucher abwechselten. Zeitweilig hatte ich gar das Gefühl, als berührten die Räder meines SMIKE den Boden nicht, als schwebten sie leicht darüber hinweg. So war ich in erster Linie überrascht, als ich gegen fünf Uhr nachmittags Chaiya erreichte. Das Hotel des Dorfes duckt sich in einem Hinterhof. Ich machte es ausfindig, indem ich einem belgischen Pärchen folgte. In Chaiya herrschte hohes Falangaufkommen: Morgen würde man sich zu einem Meditationskurs einschreiben können und sich zehn Tage lang unter Anleitung buddhistischer Mönche in Selbstversenkung üben.

»Wir sind über den Dalai Lama zum Buddhismus gelangt«, behauptete die Belgierin und strahlte über das ganze Vollmondgesicht. Ich konnte mir den Gedanken nicht verkneifen, dass sie einer dieser korpulenten, lächelnden Buddhastatuen, die anscheinend zur Inneneinrichtung asiatischer Restaurants gehören, nicht unähnlich sah. Das Pärchen machte eigentlich einen sympathischen Eindruck auf mich; zudem tat es gut, Französisch zu sprechen. Manche ihrer Meinungen kamen mir allerdings zitiert vor; zumal die beiden sie in der Regel fast lehrerhaft rezipierten und mit asiatischen Sprichwörtern garnierten.

»Damals hatten wir viele Probleme am Hals«, pflichtete ihr Mann bei. »Doch dann sagten wir uns: Tadle nicht den Fluss, wenn du ins Wasser fällst. Wenn du die Spur nicht wechselst, hast du keine Chance zu überholen. Im Internet haben wir uns über den Buddhismus informiert und schnell Gleichgesinnte gefunden. Vor einem Jahr war das, und jetzt sind wir tatsächlich hier!« Er rollte mit den Augen, als sei er dem Nirwana bereits einen großen Schritt näher gekommen. »Viele meinen, dass das Wort Meditation vom lateinischen *meditari*, nachdenken, komme«, fuhr er fort. »Doch das ist nur eine mögliche Erklärung. Die zweite und vermutlich richtige ist, dass meditieren auf das lateinische *medius* zurückgeht. Die Mitte also, denn Meditation ist der Versuch, sich zu seiner Mitte hin auszurichten. Sie zeichnet sich nicht durch Nachdenken, sondern gerade durch die Abwesenheit störender Gedanken aus.«

»Die Weisheit des Lebens besteht im Ausschalten der unwesentlichen Dinge«, attestierte seine Frau, und wieder konnte ich mich des Eindrucks nicht erwehren, dass sie in Gedanken aus einem Lehrbuch vorlas. Der Buddhismus ist eine Modeerscheinung in Europa geworden – zur selben Zeit, in der er in weiten Teilen Asiens von einem Turbokapitalismus verdrängt oder zumindest konterkariert wird. Vielleicht muss man sehr arm oder eben sehr reich sein, um die vom Buddhismus proklamierten Werte leben zu können.

»Schreibst du dich auch ein?« riss mich die Belgierin aus den Gedanken. Einen Augenblick wusste ich nicht, was sie damit meinte.

»Radfahren ist derzeit meine Art der Meditation«, erklärte ich daraufhin großspurig und absolut bildzeitungskonform. Vielleicht war ihr Hang zu Allgemeinplätzen ansteckend. Doch insbesondere auf diesen Tag traf meine Aussage zu. Meine Radtour von Chumphon nach Chaiya hatte geradezu einer Symphonie geglichen. Hochkonzentriert war ich auf die wechselseitigen Kontraktionen der Beinmuskeln gewesen, durch die sich die Pedale meines SMIKE pausenlos im Kreis drehten – als gäben sie das Grundschema einer Komposition vor. Gleichzeitig hatte ich die Straßenabschnitte vor mir aufgesaugt, als hätten sie sich wie Akkorde angeboten. Indessen waren meine Gedanken wie junge Hunde in alle Richtungen davongestoben. Der Schweiß im Nacken hatte sie ebenso interessiert wie ein Windstoß im Gesicht; sie hatten das Geräusch der sich drehenden Räder auf dem Asphalt studiert, das sich ständig änderte, Kombinationen mit dem Wind einging und zeitweilig vom Hupen eines entgegenkommenden Lastwagens oder Mopeds übertönt wurde. Die Mittelstreifen der Straße glitten mit bewundernswerter Präzision rechts an mir vorbei – ja, rechts, da in Thailand Linksverkehr vorgeschrieben ist. Ihre Präsenz wirkte beruhigend auf mich. Die Fülle wiederkehrender Motive, das Davonstieben und Zurückkehren der Gedanken, das alles ergab einen Resonanzraum in mir, einen Platz, der im Alltag vollgestellt war mit kleinen Sorgen und großen Hoffnungen. Dort war an diesem Tag zeitweilig eine Leere gewesen, die mich erst darauf hingewiesen hat, welche Fülle ansonsten in mir war. Eine Fülle, die ich unter einem Berg von Terminen, Erledigungen, Absichten begraben hatte – und ich hatte durch die Bloßlegung vermutlich mehr über mich erfahren als in langen Selbstfindungsseminaren. Ich hatte nicht versucht, gedanklich zu meinem Wesen, meiner Mitte, vorzustoßen. Ich hatte sie gespürt.

Auf einer Straße, die es meiner Landkarte zufolge nicht gab, fuhr ich am nächsten Tag in die Provinzhauptstadt Surathani. Kraftvoll stieg ich in die Pedale, die sich gegen den Widerstand drehten, während sie das Drehmoment an die Kette weitergaben, die es ihrerseits an die Räder weiterleitete. Wie ein kompliziertes Uhrwerk kam mir mein SMIKE vor; alles drehte sich, griff ineinander, hing mit allem zusammen, und angetrieben wurde das gesamte Kunstwerk von meiner Energie, die nur eines wollte: vorwärtskommen, sich bewegen, auf dem Weg sein. Immerzu das Neue vor mir und das Schöne hinter mir.

Bei langnasigen Bleichgesichtern ist Surathani beliebt als Ausgangspunkt für Ausflüge auf die Inseln Samui, Pha Ngan und Tao, das touristische Dreigestirn der thailändischen Ostküste – so beliebt, dass man dreißig Kilometer westlich der Stadt einen Miniflughafen ins Niemandsland gesetzt hat. »Surathani Airport«, tragen die lokalen Reisebusse voller Stolz als Aufschrift vor sich her.

Die Zeit der Rikschas neigt sich hingegen in Asien ihrem Ende zu. Zwar traf ich auch in Surathani noch vereinzelt junge Männer, die in absonderlichen dreirädrigen Fahrzeugen unterwegs waren und sich ein wenig Geld als Taxifahrer verdienten. Sie wurden jedoch mehr und mehr verdrängt von knatternden Mopeds und lärmenden Autos. Die vier Millionen Rikschas, die es in Asien nach wie vor gibt, konzentrieren sich inzwischen in ärmeren Regionen. Man findet sie vor allem in Bangladesch, in China und in Indien. Dabei ist das Wort auf das japanische *Jin-riki-sha* zurückzuführen. *Jin* steht für Mann, *Riki* für Kraft und *Sha* für Maschine, was darauf hindeutet, dass die Mann-Kraft-Maschine ursprünglich von einem armen Teufel gezogen wurde und nicht viel mit den heutigen fahrradähnlichen Fortbewegungsmitteln zu tun gehabt hatte. Die ersten Rikschas wurden Ende des neunzehnten Jahrhunderts erwähnt. 1891 schrieb Rudyard Kipling die Kurzgeschichte »The Phantom Rikscha«. In den zwanziger Jahren des vergangenen Jahrhunderts begann man, Pferde, Ochsen oder Kamele vor die Fahrzeuge zu spannen. Da sie als rückständig gelten, proklamieren die Regierungen der meisten asiatischen Länder den Wechsel zum Auto. Zuweilen mit gewissem Nachdruck: So ließ die indonesische Regierung Zehntausende Rikschas konfiszieren und kurzerhand im Meer versenken, weil die Hauptstadt Jakarta modern erscheinen soll. Parallel zum Buddhismus verlieren die Rikschas in ihren Ursprungsländern an Boden – während sie in Europa angesichts von Feinstaub, hohen Benzinpreisen und dem Bewusstsein des Klimawandels als ökologische Alternative zum Auto einen Siegeszug angetreten haben.

Wenn es sich um so robuste Fahrzeuge handelte wie jenes, das ich fuhr, konnte ich das gut nachvollziehen. Sicher brachte mich mein SMIKE an diesem Tag bis nach Sichon und damit einhundertzwanzig Kilometer weiter in den Süden.

Am nächsten Tag erhob sich wieder einmal mit dem Sonnenaufgang ein strammer Wind, der mir entgegenblies. Mein SMIKE optimierte seine Nehmerqualitäten. Es nahm Steine und Holzklötze zur Kenntnis, steckte riskante Ausweichmanöver durch matschiges Gras weg und lief dennoch gleichmäßig und präzise wie ein Schweizer Uhrwerk. Büsche und Bäume strebten mir entgegen, verwischten, wenn ich an ihnen vorbeiflitzte, zu einer grünen Wand und wurden hinter mir wieder zu Büschen und Bäumen. Nicht einmal Thailands Hunde – kläff- und beißfreudiger als ihre laotischen und kambodschanischen Artgenossen – konnten mit mir mithalten. Einige versuchten es, sprangen knurrend auf mich zu, gaben jedoch nach spätestens zwanzig Metern auf. Ginge es nach mir, hätte es eine ganze Weile lang so weitergehen können.

Es ging jedoch nicht nach mir. Ich hätte es wissen müssen, lang genug war ich inzwischen unterwegs. Doch meine Gedanken hatten sich bereits vor Stunden von der Wegstrecke gelöst. Sie zeichneten die Taxifahrt mit Nantopol Limpatyakrom nach, verweilten einen Augenblick beim Rattenstand in Südlaos und schnupperten an den Erwartungen, die ich an Malaysia hatte. Bei alldem gab ich das aktuelle Album des französischspanischen Sängers Manu Chao wieder, wobei mir insbesondere das Schlagzeug Schwierigkeiten bereitete, wenn ich beim Trommelwirbel beide Hände vom Lenker nahm. Auf die wenigen Moped- und Autofahrer musste ich ein befremdliches Bild abgeben, doch das tat ich als Weißling aus Europa ohnehin.

Ein Knall wie ein Peitschenhieb riss mich aus meinen Tagträumen. Ich zuckte zusammen, riss den Kopf nach oben und sah, dass sich die Wolken der Region in einem dunkelgrauen Klecks gesammelt hatten, der nur von Osten her von einem hellen Streifen angeknabbert wurde. Als sei der Donnerknall ein Hinweis darauf gewesen, unter welchen Bedingungen ich südwärts fuhr, schlug mein Körper unvermittelt Alarm. Magnete waren in meine Beine gerutscht, die bei jeder Pedalumdrehung vom Boden festgehalten wurden. Die Oberschenkel verkrampften sich bei jeder Anstrengung und gaben den Schmerzimpuls danach unmittelbar an die Waden weiter. Schweiß rann meinen Nacken hinab, durchtränkte die Kleider. Ich keuchte wie eine alte Dampflok. Jeder Atemzug hallte in meinem Bauch wieder.

Zehn Kilometer schob ich mich noch voran, weil ich den Formeinbruch nicht wahrhaben wollte. Ich suchte nach einem

Trick, meinen Körper zu überlisten, ihm vorzugaukeln, dass alles in Ordnung wäre, ihm klarzumachen, dass ich gerne weiterhin Lieder trällern wollte. Es ging nicht. Fünfmal schlug mir der Sturm den Hut in den Nacken, einmal riss er mir den Lenker aus der Hand. Der Regen blieb aus. Als sich das Schild einer Tankstelle in mein Blickfeld schob, kam es mir vor, als habe ich selten Schöneres gesehen. Ich hechtete in den dazugehörigen Supermarkt und ließ mir für die Auswahl zehn Minuten Zeit. Innen war es zwanzig Grad kälter als draußen, was der Wohlfühltemperatur eines Mitteleuropäers nahe kommt.

Meine Beute – ein Liter Eistee, ein Liter Kakao, drei Eis, zwei Brownies, eine gummiartige Brotmasse und eine unvernünftige Menge Schokoladenkekse – dezimierte ich im Schatten eines Plakats, das Werbung für Bleichcreme machte. Was auf mich ungesund und stubenhockerisch wirkte, galt in praktisch ganz Südostasien als Schönheitsideal. Bilder zeigten Thailands Königin mit kalkweißem Gesicht. Was einmal mehr auf das menschliche Dilemma verweisen dürfte, demzufolge wir bevorzugt nach Dingen streben, die wir nicht erreichen können. Das Glück ist flüchtig wie Ethanol, nie verweilt es länger als einige Augenblicke bei einem Einzelnen, und es ist ein schwacher Trost, dass es mit dem Unglück ähnlich geht. Kaum haben wir erreicht, was wir zu erreichen erhofften, schieben wir einen neuen Wunsch vor unser Zielfernrohr. Unser Streben hört niemals auf. Was der Hauptgrund dafür sein dürfte, weshalb der real existierende Kapitalismus einen globalen Siegeszug angetreten hat, während es den real existierenden Sozialismus, wie ihn seine Vordenker entworfen hatten, vermutlich nirgendwo gegeben hat. Während erster auf Realitäten aufbaut, leitet sich Letzterer von einem Idealbild ab.

Genauso unerklärlich und abrupt, wie meine Kräfte verschwunden waren, kehrten sie zurück, als ich eine Viertelstunde später von der Tankstelle aufbrach. Jede Pedalumdrehung geriet kraftvoller, schneller als die vorherige. Kurz darauf holte ich eine Eskorte zwanzig weißer Pickups ein. Sie machte Werbung für irgendeinen Politiker und ermöglichte es mir, einen thailändischen Wahlkampf mitzuerleben. Als ich den letzten der zwanzig Pickups eingeholt hatte, wurde ich von bis zum Anschlag aufgedrehter, alberner Musik beschallt. Eine piepsende Kinderstimme ließ eine Aneinanderreihung von *chiis*, *chaas* und *choos* auf die Straße regnen. Der auf dem Dach montierte Lautsprecher zitterte und hob bei jedem Basston ein wenig vom Dach ab. Als ich das Gefährt überholte, kurbelte dessen Fahrer das Fenster herunter, schrie mir etwas auf thailändisch zu und reckte beide Daumen nach oben. Das Procedere wiederholte sich bei den anderen neunzehn Pickups. Sie alle spielten das Lied mit der Piepsstimme, allerdings ertönte es jeweils um wenige Sekunden versetzt. Es war ein heilloses Durcheinander von schrillen Tönen, spitzen Schreien und dem gelegentlichen Aufheulen eines Motors. Als ich die Poleposition erreichte, rief der Fahrer des ersten Wagens etwas aus dem Lautsprecher, von dem ich lediglich das Wort Falang verstand. Sofort darauf brach hinter mir ein Wirrwarr aus Gehupe und Schreien los, der mich bis nach Hua Sai begleitete. Dort angekommen, schwärmten die zwanzig Pickups in die Straßen der Stadt aus. Die sich ausbreitende Stille erschien mir nahezu widernatürlich, so penetrant drängte sie sich an mich. Ich warf einen Blick auf meinen Kilometerzähler: Einhundertfünfundvierzig waren es an diesem Tag gewesen; die überlaute Pickup-Eskorte hatte mir gutgetan. Sie hatte die Gedanken von den Einwänden meines Körpers abgelenkt. Ich hatte mehr denn je Lust, das nahe Malaysia kennenzulernen.

Gleichsam als Ausgleich dafür, dass Thailands Süden seine Schönheit bislang sorgsam vor mir verborgen hatte, legte er sich am letzten Tag meiner Reise durch dieses Land mächtig ins Zeug. Linkerhand reihte er entlang der Straße von Palmen umrahmte Ausblicke aufs Meer auf. Rechts der Wegstrecke rundete er die Postkartenkulisse ab, indem er verschwenderisch Tempelanlagen in die Landschaft streute. Einige davon enthielten überlebensgroße Buddhastatuen, Hunderte Meter vorher von der Straße aus sichtbar. Und am Ende führte mich eine Brücke eine Stunde lang mitten durch den Songhkla-See, das größte Binnenmeer Südostasiens. Wie der Tonle Sap in Kambodscha, dessen Zufluss die Fließrichtung zu ändern vermag, verfügt auch der Songhkla-See über ein Charakteristikum, das nur ihm zu eigen ist. Im Norden besteht er aus Süß-, im Süden aus Salzwasser. Naturgemäß steigt der Süßwasseranteil periodisch in der Regenzeit. Auf diese Weise ist ein fragiles ökologisches Gleichgewicht entstanden, durch das einer Vielzahl von Lebewesen – die auf Süß- beziehungsweise auf Salzwasser angewiesen sind – Raum geboten wird. In der Mitte des Sees finden über einhundertvierzig Vogelarten mit der Insel Ku Kud eines der größten zusammenhängenden Rückzugsgebiete der Welt.

Diese und weitere Informationen erhielt ich von einer lokalen Umweltschutzinitiative, deren Mitglieder, hauptsächlich Studentinnen, sich während unseres Treffens köstlich über meine teilgebräunten Arme amüsierten.

Von Hat Yai aus nahm ich den Bus zur grenznahen malaysischen Stadt Sungai Petani. Was sich einfach anhört, war in Wahrheit eine ebenso schweißtreibende wie nervenaufreibende Odyssee. Die kurze Fahrt, die ich unternehmen musste, um diversen Zollschwierigkeiten in dieser von religiösen Spannungen gekennzeichneten Region zu entgehen, machte zweieinhalb Stunden Vorbereitung nötig.

Es begann damit, dass ich das Busterminal der Stadt suchte. Unglücklicherweise gehörten *bus* und *terminal* bereits zu den Worten, die die Englischkenntnisse der Befragten überstiegen. Ich wurde kreuz und quer durch Hat Yai geschickt und hatte ausgiebig Gelegenheit, die zu Recht unbekannten Ecken der Stadt kennenzulernen. Ausufernde Wegbeschreibungen führten mich mitten durch den zentralen Markt (für Rikschafahrer leider ungeeignet, weil die Gänge zwischen den Ständen eng und überfüllt sind), zum Zugbahnhof (von dem an diesem Tag leider keine Züge abfahren würden), dreimal auf verschiedenen Zubringern zu einer vierspurigen Straße in der Innenstadt, auf der die Autos wie an einer Perlenschnur aufgereiht standen, und zweimal zu einem heruntergekommenen Hotel, dessen Besitzer ich glaubhaft versichern musste, dass ich wirklich nicht nach einem Zimmer suchte. Schließlich gelangte ich, in erster Linie ohne eigenes Zutun, auf einer meiner Stadtrundfahrten an einen Straßenstand. »Discover Malaysia«, stand auf einem grellbunten Plakat direkt daneben, und ebendies war mein Begehr. Ich sprang von meinem SMIKE, hechtete auf die verdutzte Verkäuferin zu und fragte dabei mehrfach: »Malaysia?«

»Aber natürlich, Sir«, lächelte sie daraufhin den seltsamen Kauz an, der zwar ein wenig verrückt zu sein schien, mit seinen hektischen Bewegungen, mit denen er immer wieder auf das Werbeschild zeigte, und dem seltsamen, verdreckten und zerkratzten Gefährt, mit dem er unterwegs war, der jedoch nicht übermäßig gefährlich wirkte. Er war eben ein Farang, dem man alle möglichen Absonderlichkeiten zutraute. »In fünf Minuten fährt ein Bus zur malaysischen Insel Penang. Er macht Station in Sungai Petani, das ist direkt hinter der Grenze, und ...«

»Den nehme ich!« frohlockte ich.

Im Nachhinein bin ich sicher, dass mir für die kurze Fahrt ein Mehrfaches des regulären Fahrpreises abgeknöpft wurde. Es war angewandte nachfrageorientierte Preispolitik unter Beachtung der Elastizitäten gewesen. Ich hätte es anstelle der Verkäuferin wohl nicht anders gemacht.

Fischpaste und Schweineinnereien

Das Land, das ich erreichte, verdankt seinen derzeitigen Reichtum in allererster Linie der Nachlässigkeit brasilianischer Zöllner. Diesen entging im neunzehnten Jahrhundert der Schmuggel einiger Gummibaumsamen, die kurz darauf erfolgreich in Südostasien gepflanzt wurden. Auf diese Weise fiel das Kautschukmonopol Brasiliens, und Malaysia stieg dank der kurz darauf einsetzenden Nachfrage der Autoindustrie zum größten Produzenten von Kautschuk auf. Inzwischen, da die Bedeutung des Kautschuks hinter die Entwicklung synthetischer Ersatzstoffe getreten ist, stellt man in Malaysia Elektrogeräte und Klimaanlagen her und ist weltgrößter Exporteur von Palmöl. Auch der Tourismus gewinnt rapide an Fahrt. Gäste werden insbesondere angezogen durch die Mischung von Ethnien – Malaien, Chinesen und Inder – und Religionen – Islam, Buddhismus, Konfuzianismus und Christentum – sowie durch die vielseitige Fauna und Flora. Allein einhundertzwanzig Schlangenarten sind in Malaysia anzutreffen, darunter die Königskobra. Zugute kam mir auf der Reise durch Malaysia auch die Vielzahl exotischer Früchte: safttriefende Mangos, Ananas süßer als Zucker, Papayas, die aussahen wie hundertfach vergrößerte Kapern, aber auch Rambutanfrüchte, litschiähnliche rötliche Knubbel mit *rambut*, Haaren, und weißem Fruchtfleisch, sowie Mangostane, deren leicht säuerlicher Geschmack bei tropischen Wetterumständen immer wieder ein erfrischendes Erlebnis ist. Auch dem bei Einheimischen beliebten und bei Touristen gefürchteten Durian begegnete ich mehrfach auf der Reise. Diese Frucht, die, wenn sie frisch geerntet ist, einen angenehmen Geschmack hat, der leicht an Vanillepudding erinnert, entfaltet bereits nach wenigen Tagen einen spektakulären Gestank, den man am ehesten mit einer Mischung aus verdorbener Milch und angeschimmeltem Harzer Käse vergleichen kann, so dass sich die Betreiber zahlreicher Hotels, Busunternehmen und Flughäfen zu außergewöhnlichen Maßnahmen gezwungen sehen. Die

Mitnahme der beliebten Frucht ist vielerorts verboten, Schilder mit durchgestrichenen Durianfrüchten warnen vor Übertretung dieser Regel, die drastische Strafen nach sich ziehen kann. Denn hat sich der intensive Geruch der Frucht erst in Teppichböden, Gardinen oder gepolsterten Sitzen festgesetzt, bekommt man ihn kaum mehr los.

Schwitzend, eingepfercht in dem für Menschen bis ein Meter fünfundsechzig gebauten Kleinbus, den Lärm eines Radios in den Ohren, das tapfer versuchte, die Straßengeräusche um uns herum zu übertönen, erreichte ich das vorletzte Land meiner Rikschatour. Bereits auf den ersten Metern, die ich daraufhin wieder mit der Rikscha fuhr, merkte ich, dass sich das Wort, das mir Kinder hinterherriefen und Erwachsene höflich unterdrückten, geändert hatte. Statt *Falang*, Langnase, wurde ich nun allerorts *Madsale* genannt. Dieser Name deckt alle westlichen Ausländer ab und geht zurück auf das englische *Mad Sailor*: Weder die britischen noch die portugiesischen und holländischen Seefahrer, die das malaysische Melaka als Handelshafen nutzten, waren dem Alkohol abgeneigt. Nach ausufernden Gelagen pflegten sie alberne Dinge zu tun und hatten rasch ihren Namen von den Einheimischen erhalten, der anschließend nur noch malaisiert worden war.

Über eine dreizehn Kilometer lange Brücke, die längste Südostasiens, erreichte ich die nordmalaysische Insel Penang. Dort angekommen, fing mich ein Schild ein, das einen Schlangentempel ankündigte.

»Wir haben diesen Tempel am Rand eines Wäldchens errichtet«, erklärte ein dienstmeifriger Frackträger. »Die Schlangen kamen, kurz nachdem wir ihn fertiggestellt hatten. Sie sind hier geblieben.« Bei diesen Worten zeigte er auf mehrere Vipern, die, vom Duft der Räucherstäbchen benebelt, vor sich hindösten. Andere Schlangen, die ich nicht einordnen konnte, ringelten über den Boden. Mein Gegenüber nahm zwei davon auf und wandte sich mir zu. »Wollen Sie sie mal in die Hand nehmen, Sir?«

»Also, ich weiß nicht ... Sind Sie sicher, dass diese beiden hier ungiftig ...«

»Prima, Sir, Sie machen das gut. Viele Leute schreien auf, wenn ich ihnen Schlangen in die Hand lege.«

»Das kann ich durchaus verstehen.«

Biegsame Muskelstränge. Ich hatte etwas Glitschiges oder Schuppiges erwartet, doch was ich spürte, war pure Kraft. Jetzt erst konnte ich nachvollziehen, wie diese beiden ihre Opfer erdrosselten. Vor allem, als sich eine davon zweimal um mein Handgelenk wickelte.

»Bitte seien Sie nicht beunruhigt, Sir, meistens geht alles gut. Erwähnen sollte ich vielleicht noch, dass Sie umgreifen sollten, wenn eine der beiden mit dem Kopf auf Sie zukommt.«

Es war nicht die Kraft, die mich kurz darauf schaudern ließ, auch nicht, dass ich einen Druck am rechten Handgelenk verspürte, und nicht, dass die beiden Muskelstränge in meinen Händen permanent züngelten, als wollten sie meine Arme damit abtasten. Es war der augenlidlose Blick, kälter als alles, was ich bisher gesehen hatte, der mich traf, als eines der Reptilien den Kopf wendete und meinen Arm emporkroch. Der Frackträger hatte ein Einsehen, nahm mir die ungewohnte Fracht ab und ließ mich mitsamt meiner Ehrfurcht zurück.

Vermutlich waren es derartige Erlebnisse gewesen, die dieses Fleckchen Erde zu einem beliebten Ausflugsziel gerade deutscher Reisender gemacht haben. Hermann Hesse hatte Penang ebenso besucht wie Karl May. Nicht wenige Deutsche haben sich dauerhaft auf der Insel eingerichtet. Vor diesem Hintergrund hatte mich die Malaysian-German Society eingeladen, im ersten Stock eines liebevoll eingerichteten, alten Landhauses etwa achtzig Zuhörern von meiner bisherigen Rikschafahrt zu erzählen. Die von mir verteilten Postkarten mit Münchner Schneemotiv fanden reißenden Absatz und riefen ungläubiges Staunen hervor. Ich reicherte meinen englischen Vortrag mit dreißig aktuellen Reisebildern an, demonstrierte unter glucksenden Kommentaren den Farbunterschied zwischen Ober- und

Unterarm und schilderte eindrücklich, wie ich in Südlaos Ratte mit Gemüse gegessen hatte. Dabei merkte ich, wie gut es mir tat, die Eindrücke, Begegnungen und Erlebnisse meiner bisherigen Reise auf diese Weise Revue passieren zu lassen. Im Anschluss an meinen Vortrag brach ein Fragengewitter über mich herein, ähnlich intensiv und erfrischend, wie diese Naturgewalt in tropischen Breiten sein kann. Meine Zuhörer wollten Einzelheiten der Tour wissen und den seltsamen Kauz kennenlernen, der dreitausend Kilometer hierher geradelt war. Vor allem jedoch brannten sie darauf, zu erfahren, was Deutschland ausmacht, Unterschiede und Gemeinsamkeiten zu Malaysia auszuloten und zu erfahren, was dieses Exemplar eines Deutschen von ihrem Land hielt.

Nach zweieinhalb Stunden bemerkte Clement, der zum Veranstaltungsteam gehörte, sanft, dass an diesem Abend noch andere Pläne für den verrückten Europäer vorgesehen waren. Kurz darauf saß ich drei Chinesen, zwei Deutschen und einer Armada gefüllter Schälchen gegenüber. Südostasien hat die französisch geprägte Esskultur nicht übernommen, bei der hintereinander mehrere Gänge aufgefahren werden und sich das Ereignis über Stunden hinzieht. Bei der mir heute kredenzten chinesischen Variante stehen sämtliche Zutaten in mundgerechten Stücken auf dem Tisch. Man kann nach Belieben variieren und mischen. Auch wenn Schweineinnereien in höllisch scharfer Knoblauchsoße, Meeresschnecken süß-sauer und gesalzene Fischpaste vermutlich nicht nach jedermanns Geschmack sind.

»Obwohl es zuweilen nicht auf den ersten Blick ersichtlich ist, verfügen wir Chinesen über eine ausdifferenzierte Esskultur, die ihresgleichen sucht«, befand Clement, der eigentlich völlig anders hieß, dessen unaussprechlicher Name jedoch Clement am nächsten kam. »In Südostasien fragt man nicht: ,Wie geht's?' man fragt: ,Hast du heute bereits gegessen?' In Vietnam beispielsweise lautet eine typische Frage: ,Lam an o dau?' – wo arbeiten und essen Sie. Das Wort *phúc*, Glück, bedeutet wörtlich übersetzt: ›Ein mit Wasser und Sonne gesegnetes Reisfeld‹.

Und die Bezeichnung für Geschlechtsverkehr ist *au nam*, essenschlafen.« Clement schüttelte amüsiert den Kopf.

»Essen kommt bei uns am ehesten einer durchdachten Philosophie gleich«, bemerkte Don Juán, ebenfalls mit einem für Nichtasiaten unaussprechlichen Namen ausgestattet, laut Auskunft der weiblichen Einwohner Penangs jedoch auch mit phänotypischen Merkmalen, die diesen Namen rechtfertigten. »Zunächst werden die Zutaten geknetet. Das entspricht dem uralten Verlangen alles Getrennten, zusammenzukommen. Wasser will zur Erde, Feuer zur Luft, Lebendiges wird zu Totem. Die Umwandlung der Speisen verweist auf den permanenten Wandel, dem alles unterworfen ist. Dinge verändern sich, ändern dadurch, dass sie mit anderen Dingen vermengt werden, ihre Eigenschaften, werden zu etwas Neuem, Drittem. Du siehst: Selbst die Zubereitung unserer Speisen ist das Abbild eines eigenen kleinen Universums, in dem dieselben Gesetze gelten wie überall – diejenigen, die immer anwendbar sind.« Zufrieden lehnte sich Don Juán in seinem lilafarbenen Plastikstuhl zurück und zog eine Augenbraue ein Stockwerk höher – vermutlich eine der Gesten, der zufolge er seinen Namen erhalten hatte.

»Und das gilt für alle in Malaysia Anwesenden: Chinesen, Malaien, Deutsche. Hindus, Buddhisten, Christen und Muslime«, fügte Marion hinzu, eine Deutschlehrerin, die mir von Anfang an Respekt abnötigte. Ihre Intelligenz drängte sie niemandem auf, doch auf Fragen hatte sie per se eine substantiierte Antwort parat.

»Wir können uns derartige Betrachtungen leisten, denn im Moment erlebt Malaysia die goldenen Jahre, die ihr Deutschen in den Fünfzigern und Sechzigern hattet«, ergänzte Clement. »Auch wenn beim derzeitigen ökonomischen Vorwärtssprung einiges auf der Strecke zu bleiben droht.«

Neben seiner Arbeit engagiert sich Clement für den Erhalt des kulturellen Erbes auf Penang. Keine leichte Aufgabe, schon gar nicht in diesem Teil der Welt, in dem die Gewinnspannen schwindelerregend hoch sind und praktisch jeder versucht, das schnelle Geld zu machen, sich ein Stück vom rasch wachsenden malaysischen Kuchen zu sichern. Tempel, deren Bedeutung zum Teil noch nicht geklärt ist, weichen hastig hochgezogenen Hotelanlagen. Durch die letzten naturbelassenen Gebiete jagt man mehrspurige Autobahnen. Obwohl die Infrastruktur in den vergangenen Jahren geradezu explodiert ist, geht auf Penang besonders zwischen sieben und zehn Uhr morgens und zwischen siebzehn und zwanzig Uhr abends nichts mehr voran. Motorräder nutzen rare Lücken zwischen Autos, um ruckartig vorwärtszukommen. Eine Untergrundbahn gibt es nicht, die Gefahr von Seebeben ist zu groß. Penang, diese einst reizvolle Insel im südchinesischen Meer, gehört inzwischen den Autos und Motorrädern.

Darum merkte ich gerade hier, in welchem Ausmaß ich Europäer war. Besser gesagt: Mit welcher Selbstverständlichkeit ich bislang davon ausgegangen war, dass gewisse Gegebenheiten überall anzutreffen sind. Eine restaurierte Altstadt suchte ich bislang in ganz Südostasien vergebens, ebenso eine ansprechende Fußgängerzone, eine U-Bahn und eine annehmbare Bäckerei. Es war weniger die Tatsache, dass Menschen in diesem Teil der Welt Reißaus vor Autos und Mopeds zu nehmen hatten, weniger das Ausmaß, in dem die Region unter Abgaswolken, Lärm, Zeitverlust durch Staus und dem damit verbundenen Stress litt, der ihr als Fortschritt verkauft worden war, was dazu führte, dass ich mich auf Penang wie ein Fremder fühlte. Es war die umfassende Künstlichkeit, die in dieser Region zum Lebensprinzip erhoben worden ist. In klimatisierten Autos, ausgestattet mit verchromten Scheiben, fährt man zu gekühlten Büroanlagen. Die Freizeit ist geprägt von einer verwirrenden Zahl an Computerspielen, schreiend bunten Handys, von Chips und Crackers und dilettantischer Karaoke. Vieles davon, die gigantischen Shoppingcenter beispielsweise, ist den klimatischen Gegebenheiten geschuldet, die mit Extremen aufwarten, vor denen man in Europa in aller Regel verschont bleibt. Dennoch erschreckte mich das Ausmaß an Künstlichkeit, das ich in anderen Regionen, in denen ähnliche klimatische Bedingungen herrschen, in Ecuador beispielsweise, nicht vorgefunden hatte.

Vermutlich hat das auch damit zu tun, dass Trends in Asien mitunter eine besondere Wucht bekommen. Alle Jugendlichen fahren Moped, wenn es denn die Mode ist. Alle sind zierlich und schlank und tragen Kleider, die auch Barbie und Ken anziehen würden. Alle zwitschern in quietschbunte Mobiltelefone, träumen von sportlichen Autos und folgen in jedem – wirklich jedem – südostasiatischen Land einem politischen Führer, der ihnen sagt, wo es langgeht. Die Hierarchien sind in diesem Teil der Welt ausgeprägter als anderswo. Selbstverständlicher Machtanspruch trifft auf eine lange Tradition der Unterordnung; kapitalistischer Gestaltungswille korrespondiert mit buddhistischer Demut und schafft eine Gesellschaftsform, die persönliches Glück durch Anpassung propagiert und für das Wohl vieler das Pech einiger in Kauf nimmt.

So mischten sich melancholische Untertöne in die Zufriedenheit, die mich nach dem opulenten chinesischen Festmahl ergriffen hatte. Gerade Gegensätze dieser Art, Widersprüche zwischen dem Hässlichen, das man überall sah, und den schönen Worten Don Juáns, machten Südostasien derzeit zu einem spannenden Reiseziel. Lange stand ich in jener Nacht am Fenster im sechzehnten Stock eines Hotels und blickte auf das Straßengewirr hinab, von dem auch zu dieser Zeit, lange nach Mitternacht, das Gehupe zu mir herauftönte.

»May I help you, Sir?« Ich zuckte förmlich zusammen, als mich eine Tankangestellte mit diesem glasklaren englischen Satz begrüßte. Bisher hatten meine Gesprächspartner ihre gesammelten Englischkenntnisse in zehn bis zwanzig Sekunden an den Mann gebracht. Von Penang bis Singapur würden die Fremdsprachenkenntnisse meiner Gegenüber hingegen stetig zunehmen. Zudem reagierten die Malaien, denen ich unterwegs begegnete, gelassener als die Laoten, Kambodschaner und Thai: Sie brachen nicht gleich in helle Schreie aus und bildeten einen Pulk, wenn ein Bleichgesicht auf einer vollbeladenen Rikscha an ihnen vorbeifuhr.

Die Fahrpause des Vortages und das reichliche Abendessen hatten mir gutgetan. Leicht ging mir das Vorwärtskommen von der Hand. In den ersten dreieinhalb Stunden legte ich achtzig Kilometer zurück. So in Gedanken versunken, dem Erlebnis mit den Schlangen, meinem Vortrag und dem darauffolgenden Abendessen nachhängend, achtete ich kaum auf den Himmel, der langsam, kaum merklich, dunklere Schattierungen annahm. Kurz vor Taiping, einhundert Kilometer südlich von Penang, fotografierte ich meine Rikscha vor einer beeindruckenden Moschee, deren weiße Fassade sich deutlich vom Himmel abhob. Erst durch diesen Farbkontrast wurde mir bewusst, wie dunkel es um mich herum geworden war. Hektisch packte ich den Fotoapparat ein, sprang auf das SMIKE und trat in die Pedale, Taiping entgegen. Kaum hatte ich die ersten Häuser der Stadt erreicht, beugte sich der Himmel herab und küsste die Erde. Ein heißer, inniger Kuss, bei dem die Funken schlugen! Blitze zuckten rechts und links herab, als ich auf das erstbeste Hotel zuhastete, mein SMIKE entlud und abschloss. Kaum hatte ich die Eingangstür aufgerissen, zerriss ein Donnerschlag den Himmel in tausend Teile. Die angestaute Hitze des Tages entlud sich in einem tropischen Platzregen.

»Beeindruckend, nicht wahr?« schrie mir der Bedienstete an der Rezeption recht unasiatisch zu. Der Wind presste sich durch die Ritzen der Eingangstür, die in ihren Angeln ächzte und stöhnte. Der Regen trommelte aufs Dach des Hotels wie eine Schar Vögel. »Sowas erleben wir hier praktisch jeden Tag. Gleich nebenan erhebt sich der anderthalbtausend Meter hohe Hijan, vor dem sich die Wolken abregnen. Willkommen in Taiping.«

Als ich in mein Zimmer trat, fielen gleichzeitig das Licht, der Fernseher und die Klimaanlage aus. Im Halbdunkel setzte ich mich aufs Bett und blickte durchs Fenster auf den Regen, der wie aus einem Wasserwerfer heraus auf die Erde prallte, den Boden aufwühlte, Wasserfälle unter Dachrinnen entstehen ließ und Wege in reißende Bäche verwandelte. Jetzt noch unterwegs zu sein wäre recht ungemütlich geworden, dachte ich, als ich meine Sachen im Zimmer ausbreitete und mich anschließend aufs Bett warf.

Der folgende Streckenabschnitt zwischen Taiping und Ipoh sollte mir im Gedächtnis bleiben. Keine zehn Kilometer nach Taiping führte mich der Weg auf die Autobahn, die kurz darauf Kuala Lumpur erreichte. Was bereits auf der Karte abschreckend ausgesehen hatte, kam in Wahrheit einem Albtraum gleich. Fünfzig Kilometer lang führte die Autobahn strikt bergauf. Pkw rasten an mir vorbei, Lastwagen ließen mich links liegen. Die Temperatur war auf fünfunddreißig Grad Celsius geklettert und hatte sich mit einer fünfundneunzigprozentigen Luftfeuchtigkeit zu einer ungünstigen Mischung zusammengefunden. Ich kam mir vor wie im Orchideen-Gewächshaus. Das war um sieben Uhr morgens, und mir schwante, dass sportliche Höchstleistungen in Malaysia einen deutlich höheren Tribut forderten als anderswo. Bis zum Mittag würde die Temperatur in der Sonne unaufhaltsam bis auf über fünfzig Grad Celsius klettern. Ein Dampfbad ist demgegenüber eine angenehm kühle Höhle.

Schweiß durchnässte meinen Hut, bis Tropfen von der Krempe herab auf den Boden fielen. Schweiß verklebte meine Augen, tropfte von meinen Haarspitzen in meine Ohren, vom Kinn auf die Oberschenkel. Schweiß fuhr in meine Kleider, machte sie viermal schwerer als zuvor. Mit sieben Stundenkilometern, kaum schneller als ein Fußgänger, hing ich an Malaysias Berghängen fest. Mein Herz sprang aufgeregt herum und klopfte energisch von innen gegen meinen Hals. Vor einer besonders hohen Bergkuppe tauchten Sterne vor meinen Augen auf, die dort aufgrund der Tageszeit nicht hingehörten. Als sich kurz darauf der nächste Anstieg in mein Blickfeld schob, sandte ich zum ersten Mal in meinem Leben Stoßgebete zum Himmel, versprach, ein extra gründlich recherchiertes und besonders unterhaltsames Buch über meine Reise zu verfassen und bat Gott, mich heil und gesund aus dieser misslichen Lage zu holen, in die ich mich dummerweise selbst hineinmanövriert hatte.

Und das tat er. Keine drei Minuten später, zehn Kilometer vor Ipoh, schnitt die Straße durch zwei schroffe Berghänge und fiel daraufhin unvermittelt in ein weitläufiges Tal ab. Ich holte einen Jauchzer aus meinem Innersten hervor, dann ließ ich dem SMIKE freien Lauf. Jetzt, da es ausbrach wie ein junger Hengst, so dass ich die Füße von den Pedalen nehmen musste, die sich drehten wie die Turbinen eines Flugzeugs, als wollten sie sich gegenseitig überholen, jetzt merkte ich, wie groß der Höhenunterschied war. Mit sechzig Stundenkilometern raste mein SMIKE Ipoh entgegen.

Dort angekommen, zog ich mich lange in den Schatten eines Baumes zurück, bevor ich mich erneut aufrappelte und weiterfuhr, bis ich die Kleinstadt Tapah erreichte. Einhundertzehn Kilometer lagen hinter mir, als ich diesen schön gelegenen Ort erreichte, der den wenigen Touristen in erster Linie als Ausgangspunkt für Ausflüge in die Cameron Mountains dient, die im Halbkreis um die Stadt herum stehen. An der Hauptstraße reihten sich ein Hindutempel, eine katholische Kirche und eine Moschee aneinander. Alle befanden sich in Sichtweite voneinander. Die Einwohner Tapahs fügen gern hinzu, dass sich mit der chinesischen Einkaufsstraße eine weitere Religion etabliert habe, die des fleißigen Arbeitens und schnellen Geldverdienens nämlich. Nicht umsonst reagieren Tapahs Malaien und Inder mit süffisanter Ironie auf die Anwesenheit der Chinesen: Nahezu überall in Südostasien haben Letztere die Wirtschaftsmacht übernommen. Ihnen gehören die Läden, die praktisch rund um die Uhr billige Alltagsgegenstände anbieten. Sie sind es auch, die die gutlaufenden Restaurants betreiben. Auf meine Frage, warum Singapur ökonomisch so viel erfolgreicher sei als Malaysia, bekam ich regelmäßig zur Antwort, dass dort eben keine Malaien an der Regierung beteiligt seien, sondern ausschließlich Chinesen.

Unter Sinnsuchern III: die göttliche F.A.Q.-Rubrik

Ohne eigenes Zutun war ich in eine außergewöhnliche Diskussion über Gott und die Welt geraten. Als mich nämlich Mahmed, in dessen Hotel ich zuvor Unterschlupf gefunden hatte, vor einem nahegelegenen Restaurant entdeckte, bestand er darauf, mir das Abendessen zu spendieren. Kurz darauf setzte sich Chin, der auch Xin oder Tsin heißen mochte und der Bruder des Restaurantbesitzers war, an unseren Tisch.

»Bist du Muslim, Mahmed?« eröffnete ich das Gespräch.

»Natürlich. Die meisten von uns Malaien sind Muslime. Nur unser Chin hier, der ist Buddhist. Im nächsten Jahr werde ich die Hadj machen. Dir als Reisendem müsste die Idee gefallen, einmal im Leben eine große, wertebasierte Pilgerreise zu unternehmen.«

»Unsere Religion nimmt hingegen an, dass das ganze Leben eine Reise ist, die stets in neue Leben, neue Reisen mündet. Wir streben danach, diesen Kreislauf des Leidens zu durchbrechen.«

»Und darum bist du Buddhist?«

»Genau darum.«

Stille. Die Sonne kleckste Lichtreste auf das Tischtuch, tunkte das bereitstehende Brot in rotgelbe Farbe.

»Chin, wir haben das nicht verstanden.«

»Aber so schwer ist das doch nicht, Mahmed. Viele asiatische Weisheiten sind banal erscheinende Grundwahrheiten. Man muss nur, und darauf kommt es an, nach ihnen leben. Auf diese Weise führt der Buddhismus die Menschen zum Glück.«

»Der Islam begreift das Glück dagegen mit allen Sinnen im Hier und Jetzt. Die Herrlichkeit Allahs kommt in den Gerüchen der Gewürze, den Mosaiken, der Stimme des Muezzin zum Ausdruck.«

»Gehört dazu auch der Wein, der vor dir steht, Mahmed?«

»Allah toleriert kleine Schwächen, Thomas, wenn man ehrlich bemüht ist, nach seinen Geboten zu leben. Niemand von uns ist perfekt. Oder wie ist das bei dir mit dem Sex vor der Ehe?«

»Also, ich ...«

»Siehst du. Ich bin Muslim, weil ich Mohamed als Propheten und den Koran als göttlich inspiriertes Werk anerkenne. Chin ist Buddhist, weil diese Religion, auf Klarheit und Logik aufbauend, einen Weg zum individuellen Glück weist. Warum aber bist du Christ?«

»Genau, warum eigentlich?«

Ich ließ eine Kunstpause verstreichen, wie ich es in Hai gelernt hatte, dann sagte ich: »Weil es absurd ist.«

»Absurd?«

»Natürlich, Chin. Schau dich doch mal um. Was von dem, was du siehst und erlebst, ist logisch und klar? Was dagegen absurd? Nehmt mal einen Augenblick an, dass Gott tatsächlich seinen Sohn zu uns geschickt hat, um auf der Erde zu sterben. Wie würde er sich verhalten? Ich meine, dass er genau das tun müsste, was die Bibel beschreibt. Es gibt keine Möglichkeit, dies auf irgendeine Weise zu steigern. Wenn eines Tages erneut Gottes Sohn zu uns käme, was manche Sekten erwarten, was könnte er tun? Es ist doch bereits alles getan worden. Es ist so Ungeheuerliches passiert, dass wir davor zurückschrecken, dieses Geschenk anzunehmen. Denn im Zentrum des Christentums steht das stärkste Gefühl, das es auf Erden gibt: Im Zentrum steht die Liebe. Und mein Glaube ist in erster Linie ein Glaube an Möglichkeiten.«

Chin und Mahmed sahen mich mit großen Augen an. Vielleicht war mein Diskussionsbeitrag vor dem Hintergrund dessen, was ich zwischen Taiping und Ipoh erlebt hatte, etwas vehementer ausgefallen als geplant.

»Also, das ist die Lehre«, beeilte ich mich darum zu sagen. »Die Institutionalisierung unseres Glaubens steht auf einem anderen Blatt. Wenn ihr mir jetzt vorhaltet, dass während der Kreuzzüge unfassbare Gräuel begangen worden sind, dass im Namen der Kirche Hexenverbrennungen und Genozide stattgefunden haben, dass es eine Schande ist, wenn ein alter Mann quasidiktatorisch Regeln des Zusammenlebens formuliert und dass die Kirche oft genug in Verblendung versucht hat, wissenschaftlichen Fortschritt zu verhindern ...«

»Oh, uns fallen da noch einige Punkte mehr ein ...«

»... dann stimme ich all dem zu und sage dennoch, dass dies mit der Lehre nicht viel zu tun hat.«

»Wenn es aber wahr ist, was ihr annehmt, dann stimmen unsere Religionen in einem Punkt überein: Der Tod eures Heilands bedeutet doch, dass alle gerettet worden sind. Auch der Buddhismus nimmt an, dass jeder Mensch einen Wert hat, weil man nur als Mensch über die Kapazitäten verfügt, die Regeln des Lebens zu begreifen und schließlich das Nirwana zu erreichen. Zusammengefasst kann man sagen, dass jeder sein Leben wertebewusst gestalten kann, weil er sich seines Wertes bewusst geworden ist.«

»Dafür, lieber Chin, habe ich mit unserem jungen Rikschafahrer gemeinsam, dass wir unsere Religion in der Gemeinschaft anderer ausüben.«

»Prost, Mahmed. Dafür hat es im Namen des Buddhismus noch nie einen Krieg gegeben.«

Zwischen Ernst und Ausgelassenheit pendelnd, legten wir bis Mitternacht Argumente auf den Tisch und vergaßen dabei nicht, dem Essen und den Getränken zuzusprechen. Noch als wir aufstanden meinte Mahmed, dass er erwarte, am Tag seines Todes Gott zu begegnen und mit einem Schlag alle Antworten auf seine Fragen zu wissen, während ihm Chin seine Vorstellung entgegenhielt, an jenem Tag im Gegenteil von dem Bedürfnis befreit zu werden, alle Antworten wissen zu wollen. Ohnehin müsste Gott logistische Wunder vollbringen, wenn er jedem Lebewesen nach dessen Ableben den Sinn seines Lebens erklären müsste, gab ich zu bedenken, als wir uns trennten. Vielleicht hat er bereits eine Liste mit Antworten auf die beliebtesten Fragen eingerichtet – eine göttliche F.A.Q.-Rubrik. Und eine weitere mit Fragen, die besser unbeantwortet bleiben – eine Liste der Geheimnisse. Lachend verabschiedeten wir uns, und ich ging körperlich und geistig gestärkt zurück zu Mahmeds Hotel.

Einmal mehr waren die klimatischen Bedingungen etwas für Schlangen und Insekten, als ich mich am nächsten Morgen auf den Weg in die malaysische Hauptstadt begab. Für einen mitteleuropäischen Rikschafahrer war es etwa zwanzig Grad zu heiß – und die Tatsache, dass sich die Luft bereits kurz nach meinem Aufbruch anfühlte wie ein heißer Leberwickel, trug nicht unmittelbar zur Leistungssteigerung bei. So entschied ich mich gegen Mittag zu einem ausgedehnten Restaurantbesuch, bei dem mir Haifischflossen mit Knoblauch, abgerundet durch Eier der Roten Waldameise, kredenzt wurden. Das chinesisch beeinflusste Singapur kündigte sich an.

Spinnen, Schlangen und Eidechsen überquerten die Straße, auf der ich Malaysias Hauptstadt entgegenfuhr. Als ich nach einhundertfünfzig Kilometern dort ankam, die Vororte gemeinsam mit einer Armada knatternder Mopeds und fauchender Busse passierte, die hektisch wirkenden Einwohner mit ihren vom Smog angegrauten Mundtüchern beobachtete und schließlich im Straßengewirr des Stadtzentrums im erstbesten Hotel abstieg, fiel mir ein, was der ungarische Bestsellerautor Sandor Márai in Bezug auf New York so ironisch-hinterlistig geschrieben hat: »Eine interessante Stadt. Schade, dass sie sich nicht dazu eignet, von Menschen bewohnt zu werden.«

Von Kuala Lumpur nach Singapur

Das vierte Kapitel, in dem es um Drachen und Chilikrabben geht, um Fischhaut für Schäferhunde, eine folgenreiche Eroberung per Fahrrad und einen Traum aus Gin und Kirschlikör

Krabben in Chilisoße und Singapore Sling

Die Straßen von Melaka waren voller Drachen, als ich am nächsten Tag dort einfuhr. An allen Ecken leuchteten rote Papplampions. Verkäuferinnen überreichten mir paarweise Orangen, bis der Beiwagen meiner Rikscha einem Obststand glich. Auf provisorisch anmutenden Holzbühnen gerieten ältere, agile Männer völlig aus dem Häuschen. Mit schriller, sich überschlagender Stimme riefen sie Unverständliches in Mikrofone, immer wieder unterbrochen von schiefem Gesang. Wenn die Stimmen besonders nah ans Kreischen reichten, applaudierte die Menge vor der jeweiligen Holzbühne. Das Spektakel wird Chinesisches Neujahrsfest genannt und leitete in diesem Fall das Jahr der Ratte ein. Es würde die gesamte Region eine Woche lang in Atem halten.

Nachdem ich mir eines der letzten freien Hotelzimmer Melakas gesichert hatte, schwang, tanzte, feierte ich einige Stunden mit in dieser strategisch so günstig gelegenen Stadt an der engsten Stelle der am stärksten befahrenen Wasserstraße der Welt. Etwa ein Viertel des Welthandels der Seeschifffahrt passiert die Meerenge zwischen Malaysia und Sumatra. Ihre frühe Bedeutung als Umschlagplatz von Seide, Porzellan, Gewürzen, Gold und Silber, Perlen und Zinn hat der Stadt Reichtum und Eroberungen durch die Portugiesen, Holländer und Engländer eingebracht. Davon zeugen bis heute mehrere Bauwerke, vor denen alle paar Minuten Busse schwatzende Touristen ausspucken. In dieser Nacht jedoch gehörte Melaka den Chinesen, die es verstanden haben, diese Stadt weitaus subtiler und nachhaltiger zu beeinflussen als alle Eroberer zuvor.

Dankenswerterweise hielt die Straße ab Melaka einen Seitenstreifen für »Motosikals« bereit, auf dem ich so ausdauernd südwärts brauste, dass sich die Mittelstreifen in meiner Wahrnehmung zu einer durchgezogenen Linie vereinigten. Bis einmal mehr der beginnende Verkehrsinfarkt eine größere Stadt ankündigte. Auf den anschließenden fünfzehn Kilometern fuhr ich im Zickzack um hupende Autos herum, die auf vier Spuren stadteinwärts standen.

Johor Bahru, die letzte Station vor Singapur, ist ein urbanes Monstrum, bis in die Spitzen seiner Wolkenkratzer verdreckt von Abgasen. Das stadtplanerische Konzept scheint bei der Anlage von »J.B.« abhandengekommen zu sein. Wahrscheinlicher ist, dass es nie eines gegeben hat. Wie in den meisten asiatischen Städten derzeit üblich, zieht auch hier jeder, der zu Geld gekommen ist, ein möglichst protziges Gebäude hoch. Erst danach wird geschaut, ob die Baumaßnahme vielleicht ein historisches Erbe zerstört oder den Charakter eines Stadtviertels vollständig verändert hat. Grünflächen, Strände, kleine Gassen werden auf diese Weise von allen Seiten angeknabbert und weichen schließlich der amokähnlichen Bautätigkeit. Dafür macht zumindest sein Flair eines unberechenbaren Sündenpfuhls J.B. interessant. Ähnlich wie in Poipet sammeln sich auch in Malaysia die Gestrauchelten und Gestrandeten an den Rändern des Landes. Nicht wenige halten sich mit halblegalen Geschäften über Wasser, weshalb man in Johor Bahru nahezu alles zum Bruchteil der im benachbarten Singapur herrschenden Preise kaufen kann.

Ich erreichte das Ziel meiner Reise am Morgen des elften Februar. Noch am selben Abend füllten zweihundertfünfzig Zuhörer die Reihen der Aula im Kultusministerium von Singapur, um meinen vom Goethe-Institut organisierten englisch-deutschen Vortrag über die eben beendete Rikschatour zu hören. Einmal mehr fragte mir das Publikum während und nach der Veranstaltung Löcher in den Bauch. Die Stimmung war bestens und steigerte sich noch, als ich nach geleisteter Arbeit einem Traum aus Gin, Kirschlikör und Zitronensaft gegenübersaß, der sich Singapore Sling nennt. Ich genoss ihn gemeinsam mit einer Krabbe in Chilisoße, ehe ich in das Doppelbett eines Drei-Sterne-Hotels am Stadtrand fiel und sofort einschlief.

Drei Tage lang nahm ich anschließend die Annehmlichkeiten wahr, die mir *Singa Pura*, die Stadt der Löwen, anbot. So taufte sie ihr Entdecker, der indische Prinz Nila Utama, im dreizehnten Jahrhundert, als ihm kurz vor seiner Ankunft in dem damaligen Küstendorf ein löwenähnliches Raubtier begegnet war. Früh entwickelte sich das günstiggelegene Singapur zu einem der bedeutendsten Handelsumschlagsplätze Südostasiens. 1819 erkannte dies der Brite Sir Thomas Stamford Raffles, akquirierte die Halbinsel für die East India Company, ließ indische Sträflinge den Dschungel roden und ein Kanalsystem anlegen. Binnen Jahrzehnten stieg Singapur zu einem der bestbefestigten britischen Stützpunkte in Asien auf. Vom Meer her war es nahezu uneinnehmbar. Dennoch gelang es den Japanern im Zweiten Weltkrieg, die Stadt zu erobern – mit Hilfe von Fahrrädern! Während sich das britische Empire gegen Angriffe von der Seeseite her gewappnet hatte, waren die Japaner die malaysische Halbinsel südwärts geradelt. Drei Jahre herrschten sie in Singapur mit äußerster Brutalität. Der Chinese Lee Kuan Yew führte die Stadt schließlich in die Unabhängigkeit. Bis heute zieht er im Hintergrund die Fäden in Politik und Wirtschaft. Sein ältester Sohn ist seit 2004 Ministerpräsident. Sein jüngerer Bruder führt die staatliche Telefongesellschaft, und seine Frau steht an der Spitze der mächtigen Staatsholding.

Auf diese Weise hat sich das einst legendenumrankte Singapur in eine der wohlhabendsten und repressivsten Großstädte der Welt verwandelt. Nichts wird dem Zufall überlassen, alles ist chinesisch durchregiert. Verbotsschilder stehen an allen Ecken, Kurzvideos fordern dazu auf, verdächtige Personen unverzüglich anzuzeigen. Ungebührliches Verhalten gegenüber Frauen zieht eine Prügelstrafe nach sich, auf den Besitz von mehr als fünfhundert Gramm Marihuana folgt obligatorisch der staatlich verordnete Tod. Vor diesem Hintergrund klingt die Aufforderung *be happy*, die auf öffentlichen Schildern steht, wie ein Befehl.

In jedem Viertel müssen je ein chinesischer und ein indischer Tempel, eine Moschee und eine Kirche stehen. Jeder einzelne Hochhausblock hat das Verhältnis der Ethnien und Religionen abzubilden. Auf diese Weise wurde, anders als in den meisten Städten, eine echte Durchmischung der Bevölkerung erreicht und Gettobildung vermieden. Die große Frage, die hier allerdings niemand stellt, ist, ob diese Mischung aus Repression und Toleranz unweigerlich zusammengehört, oder ob das Miteinander bleiben würde, wenn man die überstrengen Vorschriften entfernte.

In jedem Fall ist Singapur ein wirtschaftlich und politisch stabiles Erfolgsmodell – auch wenn die Medien gleichgeschaltet sind, während meines Aufenthalts ausführlich über den Tod des Orang Utans im Zoo berichteten, den Irakkrieg lediglich im Hinblick auf seine ökonomischen Auswirkungen analysierten und den Einwohnern permanent eintrichterten, nach den fünf Cs zu streben: nach career, creditcard, car, club und condo (eine noble Wohnungsanlage inklusive Schwimmbad). So hat man zwangsläufig das Gefühl, jeder sei in dieser Stadt der Kunde eines anderen.

Der Luxus, den hier jeder erreichen möchte, hat einen hohen Preis. Sechzig Wochenstunden Arbeit und ein Leben in einer klimatisierten Kunstwelt werden praktisch vorausgesetzt. Auf diese Weise wird das Leben nach und nach *chiuso*, geschlossen. Es ist der goldene Käfig, angenehm und begrenzt, ein Käfig mit bombastischen Shoppingcentern und reichhaltigem Freizeitangebot, aber eben auch mit Strafen von eintausend Dollar, falls man mit dem Fahrrad unter einer Brücke hindurchfährt.

Ich hätte mir als Ziel meiner Reise kaum einen besseren Ort aussuchen können als diese von Widersprüchen durchzogene, dreiseitig von Meer umgebene Metropole Südostasiens, dem protzigen Gegenmodell zum beschaulichen Vientiane, Ausgangspunkt meiner langen Rikschafahrt.

Ein Taxifahrer bescherte mir abschließend einen merkwürdigen Moment, als ich mich zum Flughafen begab und die lange

Rikschafahrt vor meinen Augen ablaufen ließ. Wie sich herausstellte, hatte er einst Hunde für die Polizei gezüchtet und war
entschlossen, mir alles über diese spannende Lebensphase zu
erzählen. Während ich in mich hineinlächelte, weil ich endgültig geschafft hatte, was ich vor meiner Abfahrt kaum glauben
konnte, dreieinhalbtausend Kilometer in vierzig Tagen, während sich also in mir alles richtig anfühlte, auch wenn ich ein
Vierteljahr lang die linke Hand nicht mehr würde schließen
können, erfuhr ich von meinem Fahrer, dass Fischhaut gut für
die Knochen der Hunde sei. Zudem solle ich meinen Schäfer-
hund stets mit rohem Fleisch füttern, ich hätte doch einen Schä-
ferhund, schließlich käme ich aus Deutschland. Ich hörte nur
mit einem Ohr hin, warf ihm hie und da ein: »Ja, schon ...« hin.

Die Geschichten, die mir Südostasien unterwegs erzählt hatte, behielt ich hingegen im Gedächtnis. Vor allem eines hatte
mir diese Region in den vergangenen vierzig Tagen klarge-
macht: Wollte ich einen wirklich tiefen Einblick in die südost-
asiatische Lebensweise und Gefühlswelt erhalten, müsste ich
längere Zeit in den bereisten Ländern leben, länger als anderswo – denn die Gegebenheiten vor Ort sind deutlich fremdartiger
als beispielsweise in Australien oder in Südamerika.

Dennoch hatte ich diese Region intensiv und auf meine eigene Weise erforscht. Es war das ambitionierteste Vorhaben
gewesen, das ich je in die Tat umgesetzt hatte.

Immerhin besaß ich zu Hause nicht einmal ein eigenes Fahrrad.

Eigentlich bin ich ja gar kein Radfahrer.

Dank

Meine Reise durch Südostasien wurde ermöglicht durch die
Unterstützung folgender Sponsoren:

Danken möchte ich zudem
den Goethe-Instituten in Kuala Lumpur und Singapur
für die Organisation der beiden im vorliegenden Buch
beschriebenen Auftritte.

Ohne intakte Umwelt gibt es keine Abenteurerreisen!
Bitte unterstützen Sie